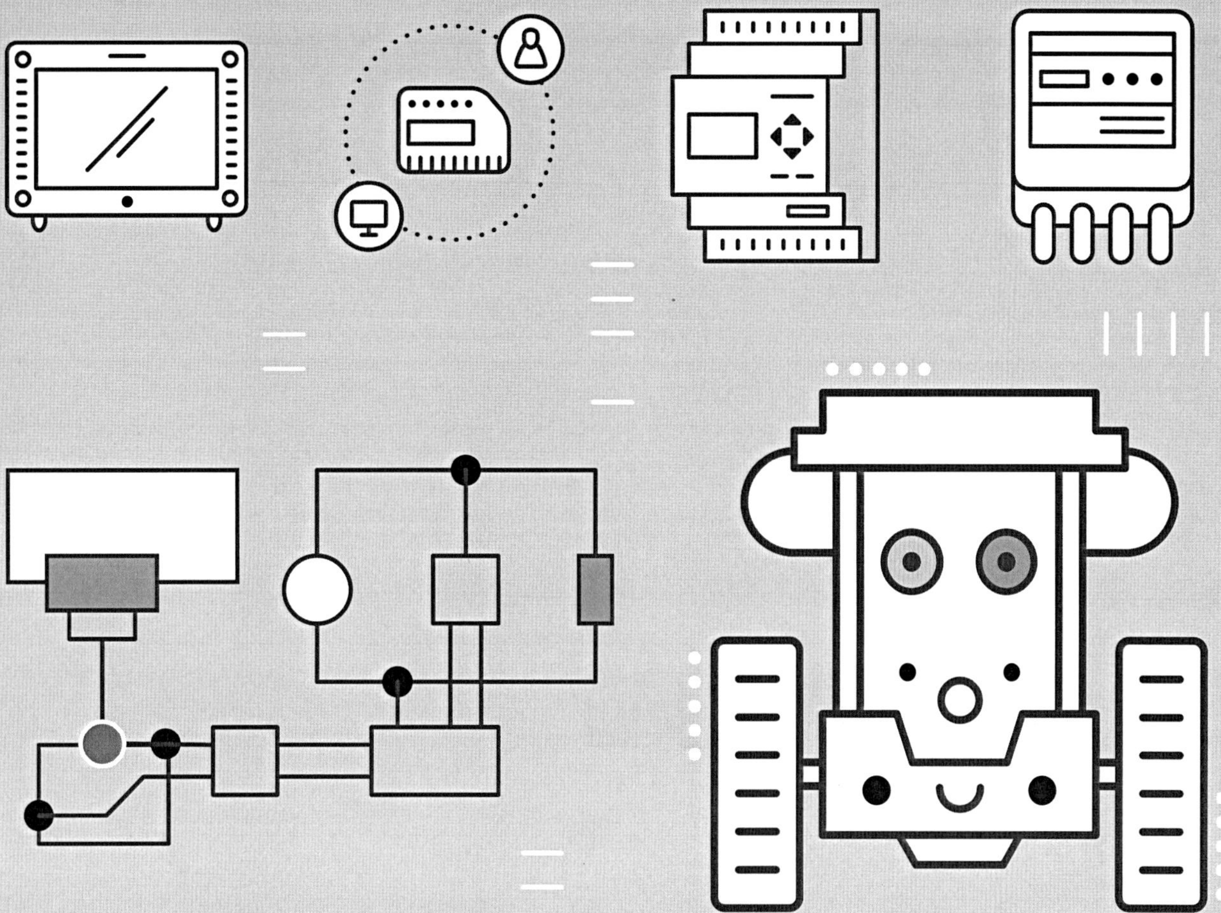

# 아두이노를 위한 머신러닝

Mchine Learning for Arduino

황희수 지음

도서출판 홍릉

## 저자소개

**황희수** 한라대학교 ICT융합공학부 교수

컴퓨터에 의한 진화계산 및 진화디자인, 아이디어 발상 A To Z, 퍼지 진화 컴퓨팅, 러닝 프로세싱, 러닝 아두이노, 기초전기회로실험, 기초전자회로실험 등의 저서가 있다.


# **아두이노**를 위한 **머신러닝**


**인　쇄**: 2022년 2월 17일 초판 1쇄
**발　행**: 2022년 2월 25일 초판 1쇄

**저　자**: 황희수
**발행인**: 송 준
**발행처**: 도서출판 홍릉
**주　소**: 01093 서울시 강북구 인수봉로 50길 10
**등　록**: 1976년 10월 21일 제5-66호

**전　화**: 02-999-2274~5
**팩　스**: 02-905-6729
**e-mail**: hongpub@hongpub.co.kr
http://www.hongpub.co.kr
**ISBN**: 979-11-5600-954-2(93000)

**정　가**: 19,000원

# 시작하기 전

## 파이썬

파이썬은 Guido van Rossum이 1980 년대 후반에 인터프리터 언어로 개발했으며 현재는 Python Software Foundation에서 관리하는 오픈 소스의 고급 프로그래밍 언어이다. 프로그래밍은 사람이 생각하는 것을 컴퓨터가 수행하도록 지시하는 행위로 볼 수 있는데, 파이썬은 사람이 생각하는 방식을 가장 근접하게 표현할 수 있는 언어이다. 다시 말해 파이썬은 코드를 읽고 쓰는 것이 일반적인 영어 문장을 읽고 쓰는 것과 유사한 고수준의 언어이기 때문에 사람의 사고 체계에 맞춰 프로그래밍 할 수 있다. 또한 파이썬은 코드 개발의 생산성을 높이는데 중점을 두고 개발된 프로그래밍 언어이다. 파이썬 개발환경은 많지만 그 중 대표적인 것은 다음과 같다.

파이썬 공식 사이트(Python.org)에서 Python을 다운받아 설치하면 파이썬 인터프리터인 텍스트 편집 프로그램 IDLE가 생성된다. IDLE는 파이썬 인터프리터와 파이썬 표준 라이브러리 모듈을 가진다. 파이썬 인터프리턴는 파이썬 코드를 실행하는 프로그램이다. 파이썬 사이트에서 다양한 버전을 다운받을 수 있는데, 특별히 초기 버전을 찾는 것이 아니면 최신 버전을 설치한다.

아나콘다 사이트(https://www.anaconda.com)에서 파이썬 Anaconda 배포판을 다운받아 설치하면 파이썬 인터프리터, 아나콘다 프롬프트(명령 줄 프로그램), Spyder(코드 편집기), 파이썬 표준 라이브러리 및 이에 포함되지 않은 많은 파이썬 모듈(과학기술 분야 문제해결에 많이 사용되는 NumPy, Matplotlib, SymPy 등)이 함께 제공된다. 파이썬은 외부 라이브러리를 사용해야 할 경우 pip를 사용해 해당 라이브러리를 직접 설치해야 하지만, 파이썬의 아나콘다는 600개 이상의 외부 모듈을 포함하고 있어서 사용자가 별도로 이를 설치해야 하는 수고를 덜어준다. Anaconda 배포판에는 Anaconda Navigator라는 프로그램이 있어 Jupyter 노트북을 빠르게 시작할 수 있다. 또한 아나콘다는 파이썬 패키지 인덱스(PyPI.org)나 콘다 패키기 인덱스(conda-forge,org)에서 모듈을 추가로 설치할 수 있다. 파이썬의 Anaconda는 Python을 포함하고 있기 때문에 다른 파이썬과 함께 설치되면 중복파일이나 환경 변수 충돌 문제가 발생할 수도 있다. 아나콘다는 패키지 및 가상 개발환경을 관리하는데 이점이 있다. 파이썬을 처음 시작하는 경우 패키지 관리나 가상 개발 환경에 대해 신경 쓸 필요는 없지만, PyPI 또는 conda-forge에서 모듈들을 추가로 다운받는 경우 패키지 관리가 필요하고 가상 개발 환경을 설정해서 프로젝트 별로 개발 환경을 다르게 적용할 수도 있다.

본 교재에서는 구글 코랩(https://colab.research.google.com/)을 사용한다(I. 파이썬 기초에서 사용법 설명).

교재의 단원 I. 파이썬은 파이썬 기반의 머신러닝을 배우는데 필요한 최소한의 파이썬 지식을 담고 있다. 파이썬에 대한 기초가 있는 분은 단원 II. 머신러닝부터 시작해도 된다.

## 머신 러닝

다수의 머신러닝 방법이 존재하지만 본 교재는 머신 러닝을 처음 접하고 동시에 학습된 머신러닝 모델이 아두이노에서 구현되어야 하는 것을 감안하여 다음과 같이 제한한다. 지도학습의 회귀(연속적인 값을 출력하는) 문제를 처리하기 선형 회귀, 로지스틱 회귀, 다항 회귀와 실전에서 사용할 다층 신경회로망 회귀를 다룬다. 분류 문제를 위해서는 의사결정트리와 의사결정트리의 앙상블 기법(집단 모델의 사용)인 랜덤포레스트를 다룬다. 실전 분류 문제에서는 랜덤포레스트를 사용한다. 머신러닝 모델의 구축(학습, 평가 및 시험)은 파이썬의 사이킷런(scikit-learn) 라이브러리를 사용한다(https:// scikit-learn.org/). 구축된 파이썬 머신러닝 모델(코드)은 아두이노에서 실행될 수 있도록 오픈소스인 변환 툴을 사용해 C 언어 호환 코드로 변환된다. 변환된 코드를 기반으로 머신러닝 모델을 추론하고 그 결과를 이용하는 아두이노 스케치를 작성한다. 딥러닝은 노드와 은닉층이 다수인 심층 신경회로망이 그 토대로 많은 메모리 자원과 컴퓨팅 능력을 요구한다. 이런 이유로 아두이노는 딥러닝을 적용하기에 한참 부족하다. 이를 감안해 본 교재는 아두이노에서 회귀 문제는 다층퍼셉트론 신경회로망으로, 분류 문제는 랜덤포레스트로 접근하길 권한다.

# 목 차

## I 파이썬



## II 머신러닝

# I

# 파이썬

# 0 구글 코랩(Colab) 사용법 알아보기

코랩(Colab)은 Colaboratory의 줄임말로 구글에서 제공하는 딥러닝 환경으로 무료 GPU를 적용할 수 있는 개발 환경으로 다음과 같은 특징을 갖는다.

- 대부분의 라이브러리는 자동으로 설치되어 있으므로 따로 설치 과정이 필요없다.
- 구글 드라이브(Google Drive)와 주피터 노트북(Jupyter Notebook(.ipynb))을 사용하며 별도 설치가 필요없고 클라우드 상에서 동작한다.
- 인터넷 브라우저로 실행하기에 사용이 간단하고, 다른 사람과의 코드 공유, 공동 개발이 용이하다.
- 코드는 ipynb 파일로 저장되고 학습에 사용하는 데이터도 구글 드라이브에 업로드할 수 있다.
- 무료 버전은 상업적인 용도로 사용할 수 없다.
- 공용 클라우드 서버를 사용하기에 자원(RAM, 메모리 , 리소스 등)이 무제한으로 보장되지 않는다.
- 세션 유지 시간이 12시간으로 그 이후는 초기화 되기에 오랜 딥러닝 학습에는 부적합하다. 유료 버전인 Colab Pro를 사용하면 세션 시간을 연장할 수 있다.

구글 코랩에 대한 자세한 설명은 공식 사이트(https://colab.research.google.com/)에서 볼 수 있다.

### (1) 환경 설정

① 구글 계정으로 로그인하기

② Google Colab에 접속하기

③ 「파일 〉 새 노트」 실행(〈그림 Ⅰ-1〉) 또는 Google 드라이브 탭에서 「새 노트」 생성

〈그림 Ⅰ-1〉 코랩에서 새 노트 생성

④ 생성된 새 노트의 파일명을 test.ipynb로 변경한다(〈그림 Ⅰ-2〉).

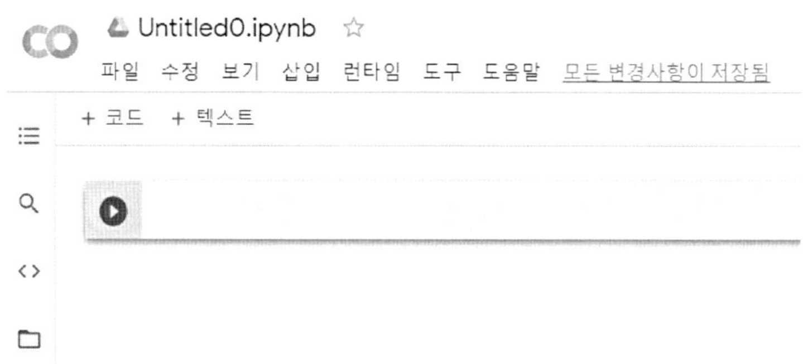


〈그림 Ⅰ-2〉 파일명 변경

⑤ 생성된 ipynb파일은 자동으로 본인 계정의 구글 드라이브 상에 저장되고 직접 접근이 가능하다(〈그림 Ⅰ-3〉).

a. Colab Notebooks 경로 생성

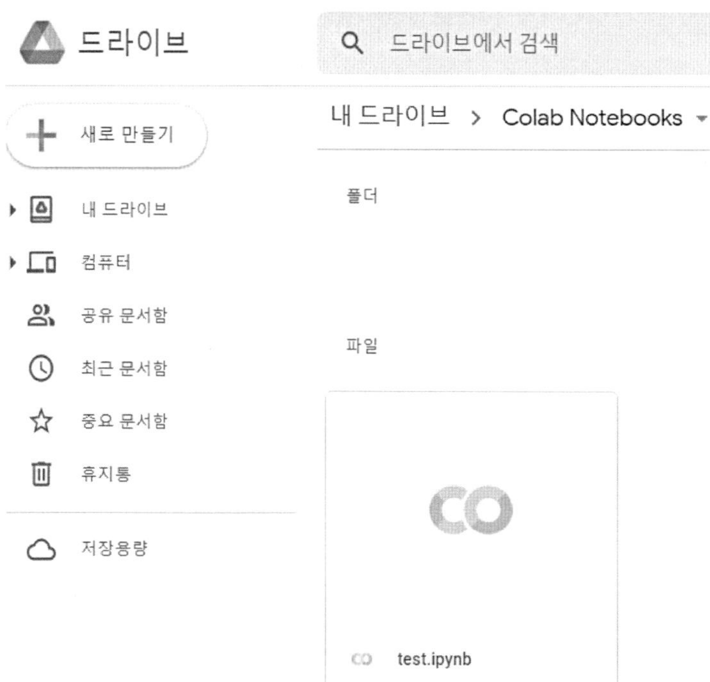


b. Colab Notebooks에 파일 저장

〈그림 Ⅰ-3〉 코랩 경로와 파일 생성

## (2) 딥러닝을 수행할 수 있는 서버 연결

• 오른쪽 상단의 「연결〈그림 Ⅰ-4〉」 버튼을 누르면 구글의 딥러닝 서버와 연결된다.

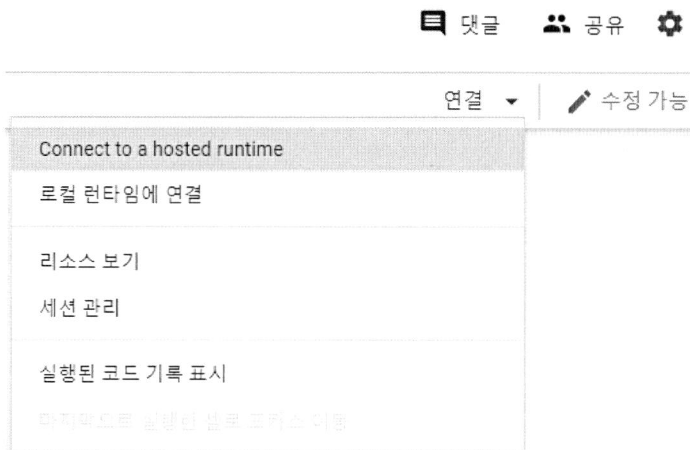


a. 서버 연결 버튼

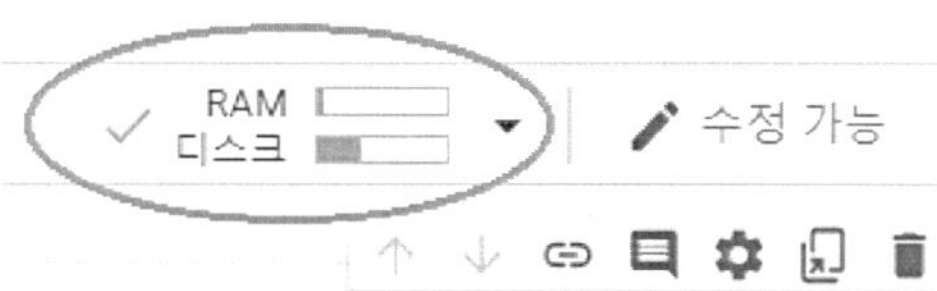


b. 서버 연결 후

〈그림 Ⅰ-4〉 서버 연결 및 연결 후

• 하드웨어 가속기(GPU 등)의 사용이 필요하면 상단의 「런타임 〉 런타임 유형 변경」을 클릭한다(〈그림 Ⅰ-5〉).

〈그림 Ⅰ-5〉 하드웨어 가속기 지정

### (3) 테스트

상단의 메뉴 코드를 실행하면 코드 셀이 만들어진다(〈그림 Ⅰ-6〉). 코드 셀은 코드를 입력하고 실행하기 위한 셀이다. 텍스트 셀은 설명(텍스트)을 입력하는 셀로 실행되지 않는다.

〈그림 Ⅰ-6〉 코드 셀 생성

- 코드 셀에 print("test")를 입력한다.
- 코드 셀 왼쪽의 화살표를 클릭하면 코드가 실행되고 결과가 바로 아래 보인다.
- 실행 중일 때는 화살표에 에니메이션이 표시된다.
- [숫자]는 실행된 횟수를 표시

〈그림 Ⅰ-7〉 코드 셀

# 1 파이썬 프로그래밍 : 기초사항

모든 프로그래밍 언어는 프로그램을 작성하고 해석하는 방식을 정의하는 일련의 규칙을 갖고 있다. 파이썬도 마찬가지이며, 여기서는 기초적인 규칙에 대해 알아본다.

- 문장(statement): 파이썬 문장은 파이썬 인터프리터가 실행할 명령어(instruction)이다.
- 등호(=)는 대입 연산자로 등호 우측의 값(숫자, 변수 값 또는 수식의 결과 값)을 좌측 변수에 대입한다.

```
# 변수 x와 var1에 값을 대입(저장)하는 명령문
x = 0
var1 = 5
print(x, var1)
```

```
0 5
```

- 문장을 여러 줄로 표현: 줄이 이어짐을 나타내기 위해 줄 끝에 ₩를 붙인다.

```
print("Hello ₩
World!")
```

```
Hello World!
```

- 들여쓰기(indentation): C, C++, Java와 같은 대부분의 언어가 코드 블록을 표시하기 위해 중괄호 { }를 사용하지만, 파이썬은 코드 블록을 들여쓰기로 처리하며 이는 스타일이나 선호도의 문제가 아닌 반드시 지켜야 하는 요구사항이다.

• 들여쓰기에 의한 코드 블록은 코드를 보다 읽기 쉽게 한다.

```
# 비만도(BMI) 계산에서 코드가 안쪽에 속할수록 들여쓰기가 커진다.
def cal_bmi(height, weight):
    bmi = weight / (height * height)
    print("BMI:{:.2f}".format(bmi),end=" ")
    if bmi < 18.5:
        print("마른체형")
    elif 18.5 <= bmi < 25.0:
        print("표준")
    elif 25.0 <= bmi < 30.0:
        print("비만")
    else:
        print("고도비만")

height = input("키 (m): ")
weight = input("체중 (kg): ")
cal_bmi(float(height), float(weight))
```

```
키 (m): 1.7
체중 (kg): 70
BMI:24.22 표준
```

• 블록 내에서 들여쓰기 공백의 일관성을 유지해야 한다.
• 보통 들여쓰기에 공백 2~4개를 사용한다.
• 파이썬 개발환경에서는 다음 줄에 문장을 입력하기 위해 엔터(enter) 키를 입력하면 들여쓰기가 필요한 곳에 자동으로 들여쓰기가 된다.
• 키워드(keywords): 키워드는 파이썬 예약어로 사용자가 작성한 코드에서 변수, 상수, 함수명이나 식별자로 사용해서는 안 된다.

| | | | | | | | |
|---|---|---|---|---|---|---|---|
| and | assert | break | class | continue | def | del | elif |
| else | except | exec | finally | for | from | global | if |
| import | in | is | lambda | not | or | pass | print |
| raise | return | try | while | with | yield | | |

- 식별자(identifier): 식별자는 파이썬 프로그램에서 사용할 함수, 클래스, 변수, 모듈 또는 기타 객체에 부여된 이름이다. 파이썬에서 사용할 식별자는 프로그램의 일부를 구성하므로 적절하게 명명되고 구별되어야 한다.
- 파이썬에서는 이름을 붙이는데 있어 다음과 같은 규칙을 사용한다.
  - 식별자는 대문자, 소문자, 밑줄, 숫자(0~9)를 결합해 사용한다.
  - 특수문자(@, %, $ 등)는 식별자로 사용할 수 없다.

    예 var1, var_x, my_function, myClass
  - 식별자는 숫자로 시작해선 안 된다.

    예 1var는 틀림
  - 대소문자를 구분한다.

    예 var과 Var은 다르다.
  - 파이썬 키워드를 식별자로 사용할 수 없다.
  - 클래스 식별자만 대문자로 시작한다.

    예 class Calculator
  - 식별자에서 밑줄을 사용해 복수의 단어를 분리할 수 있다.

    예 pos_x, pos_y
  - 식별자로 짧은 변수 이름을 사용하는 것이 쉬워 보일 수 있지만, 코드가 길고 복잡해지면 변수 이름에 연관성이 있는 단어를 사용하는 것이 나중을 위해 더 좋다.

    예 c = 0, t = 0 보다는 count = 0, total = 0이 좋다.
  - 인용부호(quote): 파이썬에서는 문자열의 시작과 끝을 표시하기 위해 인용부호로 '(인용부호), "(이중 인용부호) 또는 '''(삼중 인용부호)를 사용한다. 인용부호는 시작과 끝이 같아야 한다. 문자열이 한 줄 이상일 때 '''~'''를 사용한다.

```
s1 = 'Hello'
s2 = "Hello₩n"
s3 = '''Hello
 Everyone!'''
print(s1, s2, s3)
```

```
Hello Hello
 Hello
 Everyone!
```

• 파이썬 주석 규칙

– 주석(comments): 코드에 무엇을 하는 것인지 주석(설명)을 붙이는 것은 소스 코드를 수정하거나 다른 프로그래머가 소스 코드를 검토할 때 도움이 된다.

– 주석은 줄의 처음이나 파이썬 문장 뒤에 작성하며 기호 #로 시작해 그 줄 끝까지가 주석이다.

– 인터프리터는 코드를 실행할 때 기호 #를 만나면 해당 줄을 무시한다. 여러 줄에 걸쳐 주석을 넣으려면 매 줄마다 #로 시작하거나 주석의 시작과 끝에 삼중 인용부호( ' ' ' 또는 " " " )를 붙인다.

```
# -*- coding: utf-8 -*-
pos_x = 0 # x 좌표
s = "# "  # 인용부호 안에 있는 것은 주석이 아님

"""
여러 줄의 주석
Created on Mon Aug  5 16:32:24 2021
@author: user
"""
```

```
₩n여러 줄의 주석 ₩nCreated on Mon Aug  5 16:32:24 2021 ₩n@author: user₩n
```

• 코딩 스타일: 길고 복잡한 코드를 작성할 때 파이썬은 읽기 쉽고 시각적으로 편안하도록 다음과 같은 코딩 스타일을 권고한다.

– 2 ~ 4칸 공백 들여쓰기: 내부 루프가 다수 포함된 경우 편하게 읽으려면 들여쓰기 공백을 크게 한다.

– 한 줄 문자의 수가 79개를 넘지 않게 함: 디스플레이 화면이 작거나 다수의 파일을 열어 나란히 봐야 할 경우에 도움이 된다.

– 가능하면 주석을 코드와 같은 줄에 넣는다.

– 연산자 사이와 콤마 뒤에 빈 칸을 넣는다.

– 클래스와 함수의 이름을 일관성 있게 붙인다. 일반적으로 클래스는 UpperCaseClass처럼 대문자를 사용하고 함수와 메서드는 lower_case_func처럼 소문자와 밑줄을 사용한다. 항상 메서드의 첫 인수 이름으로 self를 사용한다.

- 문서화를 위해 함수의 문서화 문자열(docstrings)을 사용한다.
- 국제적으로 사용될 코드이면 별도의 인코딩 대신 파이썬의 기본 설정인 utf-8이나 단순한 아스키(ascii) 텍스트를 사용한다.

• print() 함수
- 이 함수는 콘솔(파이썬 쉘)에 문자열이나 숫자와 같은 자료를 출력하는데 사용한다.
- 출력 후에는 콘솔에서 다음 줄로 이동한다.
- 콤마를 사용해 다수 항목을 출력할 수 있다.

```
print("Python") # 문자열 출력
print(1, 1.0, 1e-3) # 숫자 출력
print("원주 = ", 2*3.14*10, ':', '원 면적 = ', 3.14*10*10)
```

```
Python
1 1.0 0.001
원주 =  62.800000000000004 : 원 면적 =  314.0
```

• 모듈(module) 불러오기
- 파이썬에서 대부분의 기능은 모듈이라고 하는 라이브러리에 의해 제공된다.
- 파이썬 표준 라이브러리는 운영체제, 문자열 관리, 파일 입출력, 네트워크 통신 등에서 공통적인 기능을 처리하는데 필요한 함수들의 모임이다.
- 파이썬 모듈을 사용하려면 먼저 이를 불러와야 하는데, 이 때 import 문장을 사용한다.

```
import math  # 모듈 math에 포함된 모든 함수를 불러옴
print(dir(math)) # 모듈 math에 포함된 변수와 함수를 보고자 할 때 사용
```

```
['__doc__', '__loader__', '__name__', '__package__', '__spec__', 'acos', 'acosh', 'asin',
'asinh', 'atan', 'atan2', 'atanh', 'ceil', 'copysign', 'cos', 'cosh', 'degrees', 'e', 'erf',
'erfc', 'exp', 'expm1', 'fabs', 'factorial', 'floor', 'fmod', 'frexp', 'fsum', 'gamma',
'gcd', 'hypot', 'inf', 'isclose', 'isfinite', 'isinf', 'isnan', 'ldexp', 'lgamma', 'log',
'log10', 'log1p', 'log2', 'modf', 'nan', 'pi', 'pow', 'radians', 'remainder', 'sin', 'sinh',
'sqrt', 'tan', 'tanh', 'tau', 'trunc']
```

• 모듈 math의 함수 사용
- 모듈의 함수를 사용하려면 이름 공간(name space).접두어(prefix) 형식으로 지정한다.

```
# math.log는 math 모듈(이름 공간)의 log() 함수를 지정하고 help()는 설명을 보여준다.
help(math.log)
```

```
Help on built-in function log in module math:

log(...)
    log(x, [base=math.e])
    Return the logarithm of x to the given base.

    If the base not specified, returns the natural logarithm (base e) of x.
```

```
print(math.log(100,10)) # log(x,y)는 log_x(y)를 계산
print(math.log(1)) # log(x)는 e를 밑으로 하는 자연 로그를 계산, log_e(y)
print(math.pi)
```

```
2.0
0.0
3.141592653589793
```

- 불러오는 모듈의 이름 공간을 지정하지 않고 모듈 함수를 현재 이름 공간에 불러올 수 있다.
  - 많은 모듈을 불러오는 경우에는 동일한 이름의 함수가 있어 충돌이 발생할 수 있으므로 모듈 고유의 이름 공간에 저장하는 것이 좋다.
  - 모듈에서 특정한 이름의 함수만을 불러오려면 「from 모듈 import 함수명」을 사용한다.

```
from math import *  # 모듈 math의 함수 모두를 현재 이름 공간에 불러오기
print("원주 = ", 2*pi*10, ':', '원 면적 = ', pi*pow(10,2))

from math import sin, pi  # 모듈 math에서 sin(), pi() 함수만 불러오기
print(sin(pi/2))
```

```
원주 =  62.83185307179586 : 원 면적 =  314.1592653589793
1.0
```

# 2 파이썬 프로그래밍 : 변수와 자료형

값이나 계산 결과를 갖고 있다가 필요할 때 참조(접근)할 수 있는 저장 공간인 변수, 변수의 자료형과 자료형의 변환에 대해 알아본다.

## 2.1 변수

변수(variable)는 자료를 저장하는 메모리 공간이다. 모든 메모리 공간은 주소에 의해 관리되는데, 이 주소 대신 저장 공간에 이름을 붙여 사용하는 것이 변수이다. 즉, 자료를 메모리에 저장하고 저장된 위치에서 데이터를 복구하도록 지시하기 위해 변수를 사용한다. 파이썬은 C, C++ 또는 자바와 같은 언어와는 완전히 다르게 변수를 처리한다. 다른 언어들은 변수를 특정 자료형(data types)으로 선언하기 때문에 선언된 자료형만으로 저장된다. 만약 변수가 정수형이면 프로그램 실행 중에 해당 변수에 정수만을 저장할 수 있다. 파이썬은 변수가 필요한 경우 특정 자료형으로 선언함 없이 변수명에 값을 할당해 선언하면 된다. 파이썬은 필요하면 프로그램 실행 동안 변수가 저장하고 있는 값과 자료형을 변경할 수도 있다. 파이썬은 다음 예와 같이 값을 할당해서 변수를 선언한다.

```
pos_x = 0
```

변수를 선언할 때 변수 pos_x가 0과 같음을 의미하는 것이 아니라 pos_x에 0을 저장함을 의미한다. x = y가 수학에서는 x와 y가 같음을 의미하지만, 프로그래밍에서는 변수 x에

변수 y 값의 대입(저장)을 의미한다. 변수 값을 변경하려면 다음 예와 같이 할 수 있으며, 변수 값을 출력하려면 print() 명령문을 사용한다.

```
pos_x = 1
print(pos_x)
pos_x = pos_x + 1
print(pos_x)
```

```
1
2
```

변수 my_str에 문자열 'Hello'를 저장하는 예는 다음과 같다.

```
my_str = 'Hello'
print(my_str)
```

```
Hello
```

## 2.2 자료형

파이썬은 프로그래머가 데이터의 처리를 쉽게 할 수 있도록 다양한 자료형(data types)을 제공한다. 자료형에는 숫자, 문자열, 부울, 리스트, 날짜 및 시간이 포함된다.

### 2.2.1 숫자형

파이썬이 편리한 이유 중 하나는 수치 값을 특정 자료형으로 선언할 필요가 없으며 자료형의 변경이 가능한 점이다. 파이썬3는 3개의 자료형(정수, 실수, 복소수)을 지원하며, 정수 long 형은 더 이상 별도로 취급되지 않고 정수형에 포함된다.

### 1) 정수형(integer)

정수는 소수점이 없는 수로 양수와 음수이고, 파이썬3에서 정수는 크기 제한이 없다. 이진수를 표시할 때는 숫자 앞에 0b(숫자0+소문자b) 또는 0B(숫자0+대문자B)를 붙인다.

```
num = 0b10001
print(num)
```

```
17
```

8진수를 표시하려면 8진수 숫자 앞에 0o(숫자0+소문자o) 또는 0O(숫자0+대문자O)을 붙인다.

```
num = 0o5
print(num)
```

```
5
```

16진수의 경우에는 0x(숫자0+소문자x) 또는 0X(숫자0+대문자X)를 붙인다.

```
num = 0xF0AB
print(num)
```

```
61611
```

정수를 이진수, 8진수 및 16진수 문자열로 변환하려면 각각 bin(), oct() 및 hex() 함수를 사용한다.

```
print(bin(10))
print(oct(7))
x = hex(255)
print(x)
```

```
0b1010
0o7
0xff
```

자료형을 알고 싶으면 type()이나 isinstance() 함수를 사용한다.

```
x = hex(255)
print(type(x), isinstance(x, str))
```

```
<class 'str'> True
```

## 2) 실수

실수(floating-point number)는 정수부와 소수점 이하부로 구성되며, 문자 e 또는 E는 10의 승을 의미한다.

```
print(1.37e3, 2.53E-3)
```

```
1370.0 0.00253
```

## 3) 복소수

복소수(complex number)는 실수부(real)와 허수부(imag)를 가지며, 허수부를 표시하기 위해 j 또는 J를 사용한다.

```
z = 3+2j
print(z, z.real, z.imag) # z.real: 실수부 z.imag 허수부
```

```
(3+2j) 3.0 2.0
```

### 4) 부울

파이썬에서 비교 결과는 참 또는 거짓만을 갖는데, 이런 자료형을 부울(bool)이라 부른다. 부울 자료형은 참(True) 또는 거짓(False)만을 갖고, 숫자 0은 거짓으로, 0이 아닌 값은 참으로 인식한다. 문자열의 경우 비었으면 거짓, 비어 있지 않으면 참으로 인식한다. 다음 예에서 연산자 우선순위는 산술연산자 〉 비교연산자 〉 대입 연산자이므로 b = (7 == (2*3))과 같다.

```
b = 7 == 2*3
print(b)
b = 8 > 5 * 1 + 1   # b = (8 > ((5 * 1) + 1))와 동일
print(b)
```

```
False
True
```

### 5) 날짜와 시간

모듈 datetime은 날짜와 시간을 처리할 수 있는 클래스를 제공한다. 함수 datetime.now()는 파이썬에 내장된 코드를 호출해서 현재 날짜와 시간을 가져온다.

```
from datetime import datetime
print(datetime.now()) # 현재 날짜와 시간을 출력
```

```
2021-12-13 09:18:09.684957
```

날짜와 시간을 쉽게 읽으려면 파이썬 표준 라이브러리의 strftime을 사용한다.

```
from time import strftime
strftime("%Y-%m-%d %H:%M:%S")
```

```
2021-12-13 09:18:46
```

날짜만 얻어서 원하는 형식으로 변경할 수 있다.

```
from datetime import datetime, timedelta

t1 = datetime(2021, 1, 1, 0, 0, 0)
print(t1)
t2 = datetime.now()
print(t2)
dt = t2 - t1
print(dt) # 일, 시간:분:초
print(dt.days,"일")
```

```
2021-01-01 00:00:00
2021-12-13 09:19:18.469815
346 days, 9:19:18.469815
346 일
```

## 2.2.2 문자열형

### 1) 문자열

문자열(Strings)은 문자, 숫자와 특수 기호가 결합된 일련의 유니코드 문자들로 볼 수 있다. 파이썬에서는 문자 하나도 문자열로 취급하기 때문에 다른 프로그래밍 언어에 있는 문자 자료형(char)이 없다. 문자열을 정의하려면 단일(' ') 또는 이중(" ")의 인용부호로 문자열을 묶는다. ₩는 이스케이프(escape) 부호로 사용된다.

```
s1 = 'Hello'
s2 = "Hello"
print(s1, s2)
s3 = 'Don't do it.' # 문자열 내부의 인용부호 문자와 문자열 전체를 묶는 인용부호와
                    # 같으면 오류 발생
print(s3)
s3 = 'Don₩'t do it.' # 내부의 인용부호 문자 앞에 ₩를 붙임
print(s3)
```

```
  File "<ipython-input-20-d85b3633e190>", line 4
    str3 = 'Don't do it.' # 문자열 내부의 인용부호 문자와 문자열 전체를 묶는 인용부호와 같으면 오류 발생
                 ^
SyntaxError: invalid syntax
```

문자열 전체의 인용부호로 이중 인용부호를 사용했으면 ₩가 필요 없다.

```
s3 = "Don't do it."
print(s3)
```

```
Don't do it.
```

마찬가지로 s3 = " " No gain, no pain. " " 도 오류가 발생한다.

```
s3 = "₩"No gain, no pain.₩""
print(str3)
s3 = '"No gain, no pain"'
print(s3)
```

```
"No gain, no pain."
"No gain, no pain"
```

print()는 특수 이스케이프 문자를 사용해서 읽기 쉬운 형태로 출력한다. ₩n은 줄 바꿔 출력한다.

```
s = '첫 줄.\n둘째 줄.'
print(s)
```

```
첫 줄.
둘째 줄.
```

백슬래쉬(₩) 다음의 문자를 특수 문자로 인식되지 않게 하려면 첫 인용부호 앞에 r(raw string)을 추가한다.

```
print('C:\bin\name')   # 여기서 \n은 줄 바꿈을 의미
print(r'C:\bin\name') # 인용부호 앞에 r을 붙임
```

```
Cin
ame
C:\bin\name
```

## 2) 문자열 다루기

문자열 색인화(indexing)와 문자열 자료형의 내장 메서드(함수)에 대해 알아본다. 문자열은 색인화될 수 있다. 〈그림 Ⅰ-8〉에 보인 것처럼 색인화는 1이 아닌 0부터 시작해서 문자열의 첫 문자는 색인(인덱스) 0을 가진다. 문자는 단지 크기가 1인 문자열이다. 음수 인덱스는 끝에서(오른쪽)부터 세기 시작한다. 인덱스 -0은 0과 동일하며 음수는 -1부터 시작한다. 문자열에서 문자를 지정하려면 문자열[색인]을 사용한다.

| s = 'Hello.' | H | e | l | l | o | . |
|---|---|---|---|---|---|---|
| 색인(처음부터) | s[0] | s[1] | s[2] | s[3] | s[4] | s[5] |
| 색인(마지막부터) | s[-6] | s[-5] | s[-4] | s[-3] | s[-2] | s[-1] |

〈그림 Ⅰ-8〉 문자열의 색인

함수 len()은 문자열의 크기(문자 개수)를 반환한다. 문자열 s에서 마지막 문자의 색인은 문자열의 크기에서 1을 뺀 len(s) - 1과 같다.

```
s = 'Hello.'
print(s[0], s[-5], s[-1])
print(len(s))
print(len(s) - 1)
```

```
H e .
10
9
```

문자열들은 + 연산자로 연결되며, * 연산자로 문자열을 반복할 수 있다.

```
s = 'Hello' + ' ' + 'Python!'
print(s)
s = "^^.^^ "
print(s * 3)
print(2 * 'ab' + 'cd')
```

```
Hello Python!
^^.^^ ^^.^^ ^^.^^
ababcd
```

문자열 자르기로 하위 문자열을 얻을 수 있다. 자르기는 [index1:index2]을 사용한다. index1: 시작 위치, index2: 잘라내지 않을 첫 문자의 위치를 표시한다. 즉, 자르기로 얻어진 문자열은 색인이 index1 ~ index2 - 1까지의 문자열이다. 자르기 색인에서 시작 색인이 없으면 0으로, 종료 색인이 없으면 문자열의 크기로 간주한다.

```
s = 'Python!'
print(s[0:2])  # 색인 0 ~ 1까지
print(s[:2])  # 위치 0부터 2-1까지
print(s[4:])  # 위치 4부터 끝까지
print(s[-2:]) # 끝에서 두 번째 위치부터 끝까지
```

```
Py
Py
on!
n!
```

s[:index] + s[index:]는 s와 같다.

```
print(s[:2] + s[2:])
```

```
Python!
```

문자열을 합칠 때는 join()을, 문자열을 분리할 때는 split()를 사용한다. split()에 인수를 주지 않으면 빈칸을 기준으로 분리하고 인수를 주면 그 인수를 기준으로 분리한다.

```
s = 'Welcome - Python.₩nThanks.'
print(s.split())
print(s.split('-'))
print(s.split('₩n'))
s2 = '!'.join(s) # 문자열의 모든 문자에 !가 붙음
print(s2)
```

```
['Welcome', '-', 'Python.', 'Thanks.']
['Welcome ', ' Python.₩nThanks.']
['Welcome - Python.', 'Thanks.']
W!e!l!c!o!m!e! !-! !P!y!t!h!o!n!.!
!T!h!a!n!k!s!.
```

문자열을 한 문자씩 분리해서 저장하고 싶으면 list()를 사용해 리스트 자료형으로 변환한다.

```
s = 'Python!'
print(list(s))
```

```
['P', 'y', 't', 'h', 'o', 'n', '!']
```

왼쪽, 오른쪽 빈칸 모두를 지우려면 strip()를, 왼쪽 빈칸을 지우려면 lstrip()를, 오른쪽 빈칸을 지우려면 rstrip() 사용한다.

```
s = '   a b c   '
print(":", s.strip(), ":")
print(":", s.lstrip(), ":")
print(":", s.rstrip(), ":")
```

```
: a b c :
: a b c    :
:    a b c :
```

파이썬 문자열은 시퀀스(sequence) 자료형으로 변경될 수 없기(immutable) 때문에 문자열의 특정 위치에 어떤 값을 할당하면 오류가 발생한다.

```
s = 'Python'
s[0] = 'J'
```

```
TypeError                                 Traceback (most recent call last)
<ipython-input-34-fbdc8e5db9f4> in <module>()
      1 s = 'Python'
----> 2 s[0] = 'J'

TypeError: 'str' object does not support item assignment
```

lower()와 upper()는 문자열을 각각 소문자와 대문자로 변경해서 반환한다. islower()와 isupper()는 문자열이 소문자인지, 대문자인지 참과 거짓으로 반환한다. startswith(), endswith()로 문자열의 시작과 끝을 확인할 수 있다.

```
s = 'Python Programming'
print(s.lower(), s.islower())
print(s.upper(), s.isupper())
print(s.startswith("Python"), s.endswith("g"))
```

```
python programming False
PYTHON PROGRAMMING False
True True
```

문자나 숫자를 문자열로 변환하려면 srt()를 사용한다.

```
pi = 3.14
print("파이 값은: " + str(pi)) # str이란 변수를 사용한 적이 없어야 함
```

```
파이 값은: 3.14
```

문자 r은 raw string을 의미하며 이스케이프 문자를 무시하도록 한다.

```
print(r'This is Jane₩'s dog.') # r을 붙이면 문자열 안의 ₩를 이스케이프 문자로 인식하지 않음
print('This is Jane₩'s dog.')
```

```
This is Jane₩'s dog.
This is Jane's dog.
```

문자열을 오른쪽, 왼쪽 및 중앙으로 정렬시킬 때 rjust(), ljust() 및 center()를 사용하며 전체 자리수를 나타내는 숫자와 공백을 채울 문자를 인수로 갖는다.

```
s = 'Hello'
s1 = s.rjust(20)
print(s1)
s1 = s.rjust(20, '*')
print(s1)
s1 = s.ljust(20, '-')
print(s1)
s1 = s.center(20, '=')
print(s1)
```

```
               Hello
***************Hello
Hello---------------
=======Hello========
```

이 외에도 다음과 같은 함수들이 있다. isalpha()는 문자열이 빈 칸 없이 문자로 구성되어 있으면 참을 반환한다. isalnum()은 문자열이 빈 칸 없이 문자와 숫자로 구성되어 있으면 참을 반환한다. isdecimal()은 문자열이 빈 칸 없이 숫자로 구성되어 있으면 참을 반환한다. isspace()는 탭, 줄 바꿈, 공백 문자가 있으면 참을 반환한다. istitle()는 문자열이 첫 글자는 대문자이고 나머지는 소문자이면 참을 반환한다.

```
print(' ssa'.isalpha()) # 빈 칸 없이 문자로 구성되어 있으면 참
print('  ₩n '.isspace()) # 탭, 줄 바꿈, 공백 문자가 있으면 참
print('Python'.isalpha())
print('num123'.isalnum()) # 빈 칸 없이 문자와 숫자로 구성되어 있으면 참
print('123'.isdecimal()) # 빈 칸 없이 숫자로 구성되어 있으면 참
print('₩n₩t₩r'.isspace()) # 탭, 줄 바꿈, 공백 문자가 있으면 참
print('Python'.istitle()) # 첫 글자는 대문자이고 나머지는 소문자이면 참
```

```
False
True
True
True
True
True
True
```

## 2.2.3 리스트형

### 1) 리스트

리스트는 모든 자료형의 데이터와 정보를 저장할 수 있는 자료형이다. 리스트는 [ ] 안에 값(항목)들을 콤마로 구분해서 쓴다. 리스트는 다른 자료형의 항목을 포함할 수 있지만 보통은 동일한 자료형의 항목을 사용한다.

예 my_list = [항목1, 항목2, …, 항목n]

빈 리스트를 만들려면 my_list = []

```
apple = ['대', '완숙', '단맛']
print(apple)

size, growth, taste = apple
print(size, growth, taste)
```

```
['대', '완숙', '단맛']
대 완숙 단맛
```

리스트의 항목에 곱하기를 한 것과 리스트 자체에 곱하기를 한 것을 다르다.

```
number = [1]
number[0] *= 5 # number[0] = number[0]*5
print(number)

number *= 5 # number = number*5
print(number)
```

```
[5]
[5, 5, 5, 5, 5]
```

### 2) 리스트 다루기

리스트 색인화, 리스트 자르기 및 리스트 자료형의 내장 메서드(함수)에 대해 알아본다. 문자열처럼 리스트도 색인화 및 자르기가 가능하다. 리스트의 항목이 문자열인 경우도 동일하다.

```
odd_numbers = [1, 3, 5, 7, 9]
print(odd_numbers[0]) # 색인화
print(odd_numbers[-1])
print(odd_numbers[-3:])

colors = ["빨강", "주황", "노랑", "초록", "파랑", "남색", "보라"]
print(colors[2:5]) # 색인화
```

```
1
9
[5, 7, 9]
['노랑', '초록', '파랑']
```

```
odd_numbers = [1, 3, 5, 7, 9]
print(odd_numbers[:])
```

```
[1, 3, 5, 7, 9]
```

리스트는 붙임 연산(+)을 지원한다.

```
num = odd_numbers + [11, 13, 15] # 리스트와 리스트를 +로 붙임
print(num)
```

```
[1, 3, 5, 7, 9, 11, 13, 15]
```

문자열 자료형은 그 내용을 변경할 수 없지만 리스트는 그 내용을 변경할 수 있는 자료형이다.

```
print(num)
num[-1] = 17
print(num)
```

```
[1, 3, 5, 7, 9, 11, 13, 15]
[1, 3, 5, 7, 9, 11, 13, 17]
```

리스트의 끝에 항목을 추가하려면 append()를 사용한다.

```
odd_numbers = [1, 3, 5]
odd_numbers.append(7)
odd_numbers.append(11)
print(odd_numbers)
```

```
[1, 3, 5, 7, 11]
```

odd_numbers의 항목 7과 11 사이에 9를 넣으려면 insert(index, item)을 사용한다. 여기서 index는 새 항목(item)이 들어갈 위치를 지정하며, 0부터 시작한다.

```
odd_numbers.insert(4, 9)
print(odd_numbers)
```

```
[1, 3, 5, 7, 9, 11]
```

리스트에 또 다른 리스트의 모든 항목을 추가하려면 extend()를 사용한다.

```
odd_numbers.extend([13,15])
print(odd_numbers)
```

```
[1, 3, 5, 7, 9, 11, 13, 15]
```

리스트에서 항목을 제거하려면 remove(항목)을 사용한다.

```
odd_numbers.remove(13)
print(odd_numbers)
```

```
[1, 3, 5, 7, 9, 11, 15]
```

메서드 pop(index)은 주어진 색인 위치(index)의 항목을 제거하고 이를 반환한다. 위치 값을 주지 않으면 맨 끝 항목을 제거하고 반환한다.

```
odd_numbers = [1, 3, 5]
num = odd_numbers.pop(0)
print(num)
print(odd_numbers.pop())
```

```
1
5
```

리스트의 모든 항목을 삭제하려면 clear()를 사용한다. 리스트.clear()는 del 리스트[:]와 같다.

```
odd_numbers = [1, 3, 5]
odd_numbers.clear()
print(odd_numbers)

odd_numbers = [1, 3, 5]
del odd_numbers[:]
print(odd_numbers)
```

```
[]
[]
```

index(value)는 그 값이 value인 첫 항목의 색인을 반환한다(색인은 0부터 시작). 해당 항목이 없으면 ValueError를 발생한다. index(value, position)는 position부터 시작해서 value를 찾아 해당 색인을 반환한다.

```
odd_numbers = [1, 3, 5, 7, 9, 1]
print(odd_numbers.index(1)) # 1이 있는 위치의 인덱스
print(odd_numbers.index(1, 2)) # 인덱스 2부터 1이 있는 위치의 인덱스
```

```
0
5
```

count(value)는 리스트에서 value의 출현 횟수를 반환한다.

```
odd_numbers = [1, 3, 5, 7, 9, 1]
print(odd_numbers.count(1)) # 1의 빈도
```

```
2
```

sort(key=None, reverse=False)는 리스트의 항목을 정렬한다. 인수 reverse는 정렬 순서를 지정하며 그 값이 True이면 내림차순으로 정렬하며, 인수가 없으면 오름차순으로 정렬한다. 알파벳 문자의 정렬 순서는 문자의 아스키 코드로 결정된다. 아스키 코드는 A가 65, 문자마다 1씩 증가해 Z가 90, a가 97, z가 122이다.

```
odd_numbers.sort(reverse=True) # 내림차순 정렬
print(odd_numbers)

alphabets = ['a', 'z', 'A', 'Z']
alphabets.sort() # 오름차순 정렬
print(alphabets)
```

```
[9, 7, 5, 3, 1, 1]
['A', 'Z', 'a', 'z']
```

```
alphabets = ['a', 'z', 'A', 'Z']
alphabets.sort()
print(alphabets)

alphabets.sort(key=str.lower) # 소문자를 기준으로
print(alphabets)
```

```
['A', 'Z', 'a', 'z']
['A', 'a', 'Z', 'z']
```

reverse()는 리스트의 모든 항목의 순서를 반대로 한다.

```
odd_numbers = [1, 3, 5]
print(odd_numbers)
odd_numbers.reverse()
print(odd_numbers)
```

```
[1, 3, 5]
[5, 3, 1]
```

리스트를 변경하지 않고 사용하려면 copy()를 사용해 리스트를 복제해서 사용한다(〈그림 Ⅰ-9〉).

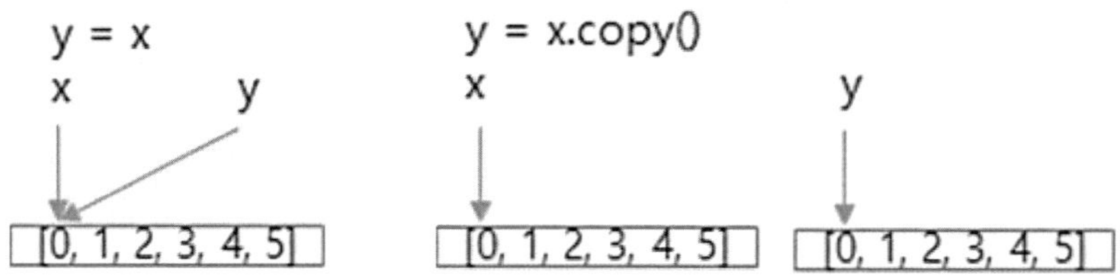


a. 리스트 참조　　b. 리스트 복제

〈그림 Ⅰ-9〉 리스트 참조와 복제

```
x = [0, 1, 2, 3, 4, 5]
y = x  # x 변수에 대한 참조(주소)를 할당(복제가 아님)
print(x)
print(y)

y[1] = 'Hello!'
print(x)  # x 값이 변경됨
print(y)
```

```
[0, 1, 2, 3, 4, 5]
[0, 1, 2, 3, 4, 5]
[0, 'Hello!', 2, 3, 4, 5]
[0, 'Hello!', 2, 3, 4, 5]
```

```
x = [0, 1, 2, 3, 4, 5]
y = x.copy()  # x를 복제
print(y)

y[1] = 'Hello!'
print(y)
print(x) # x는 변경되지 않음
```

```
[0, 1, 2, 3, 4, 5]
[0, 'Hello!', 2, 3, 4, 5]
[0, 1, 2, 3, 4, 5]
```

리스트에 있는 항목의 개수는 len()을 사용한다.

```
x = [0, 1, 2, 3, 4, 5]
print(len(x))
```

```
6
```

리스트의 자르기한 부분에 값을 대입할 수 있고 리스트 크기를 변경할 수도 있으며 리스트 항목 전체를 제거할 수도 있다.

```
letters = ['a', 'b', 'c', 'd', 'e', 'f', 'g']
letters[2:5] = ['C', 'D', 'E']
print(letters)

letters[2:5] = []  # 인덱스 2~4인 위치의 항목을 제거
print(letters)

letters[:] = []  # 모든 항목을 빈 리스트로 대체, 전체 항목 제거
print(letters)
```

```
['a', 'b', 'C', 'D', 'E', 'f', 'g']
['a', 'b', 'f', 'g']
[]
```

del은 리스트의 일부 또는 전부를 제거하는데 사용되며, 값을 반환하는 pop()과 다르다.

```
x = [1,2,3,4,5,6]
del x[0]
print(x)

y = x.pop(0)
print(y)
print(x)

del x[1:3]
print(x)

del x[:]  # 리스트 x의 모든 항목을 제거
print(x)

del x    # 리스트 x를 없앰
```

```
[2, 3, 4, 5, 6]
2
[3, 4, 5, 6]
[3, 6]
[]
```

리스트의 중첩(리스트를 포함하는 리스트를 생성)이 가능하다.

```
alphabet = ['a', 'b', 'c']
number = [1, 2, 3]
mixed = [alphabet, number]
print(mixed)
print(mixed[0])
print(mixed[0][1])
```

```
[['a', 'b', 'c'], [1, 2, 3]]
['a', 'b', 'c']
b
```

메서드 append(), insert(), sort(), remove(), reverse()는 반환 값이 없다(None 반환).

## 3) 리스트를 스택과 큐로 사용

### (1) 스택으로 사용

스택(stack)은 후입선출(LIFO: Last In First Out) 방식으로 동작해서 스택에 마지막에 들어온 항목이 먼저 나간다. 리스트를 스택으로 사용하는 것은 쉽다. append()를 사용해 스택 맨 위에 항목을 추가하고 pop()을 사용해 스택의 맨 위에서 항목을 꺼낸다.

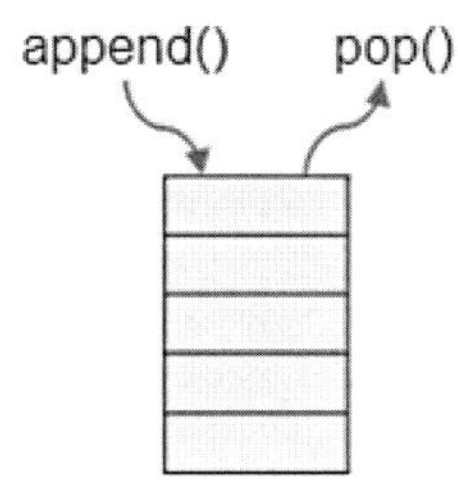


〈그림 Ⅰ-10〉 스택의 동작

```
stack = [1, 2, 3]
stack.append(4)
stack.append(5)
print(stack)
print(stack.pop()) # 마지막에 추가한 항목 추출
print(stack)
```

```
[1, 2, 3, 4, 5]
5
[1, 2, 3, 4]
```

### (2) 큐로 사용

큐(queue)는 선입선출(FIFO: First In First Out) 방식으로 동작해서 큐에 먼저 들어간 항목이 먼저 나온다. 리스트를 큐로 사용하는 것이 가능은 하지만 효율적이지 못하다. 리스트의 끝에 추가하고(append) 빼내는 것(pop)은 처리속도가 빠르지만 리스트의 처음에 삽입하고(insert) 빼내려면(pop) 리스트의 모든 항목이 한 번 이동해야 돼 처리속도가 느리다.

모듈 collections.deque는 이를 빨리 처리한다.

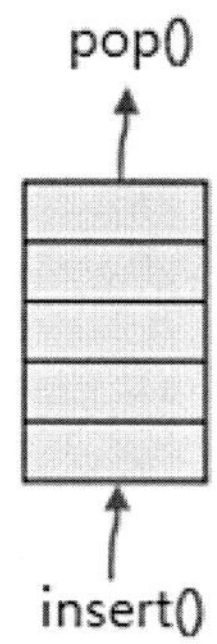


〈그림 Ⅰ-11〉 큐의 동작

```
from collections import deque

q = deque([1, 2, 3, 4, 5]) # 리스트를 큐로 변환
print(q)

q.append(6)
q.append(7)
print(q)

print(q.popleft()) # 맨 처음 항목을 추출
print(q)
print(q.pop()) # 맨 마지막에 추가된 항목을 추출
print(q)
```

```
deque([1, 2, 3, 4, 5])
deque([1, 2, 3, 4, 5, 6, 7])
1
deque([2, 3, 4, 5, 6, 7])
7
deque([2, 3, 4, 5, 6])
```

## 2.2.4 딕셔너리

리스트는 항목(값)에 접근할 때 색인을 사용하지만, 딕셔너리(dictionary)는 색인 대신 고유한 key를 사용하며 그 key에 대응하는 값(value)을 가진다. key는 유일한 값을 가져야 하며 그 자료형은 숫자, 문자열 또는 튜플이 될 수 있다. value는 어떤 것도 될 수 있지만 key는 변경할 수 없는 자료형이어야 한다. 딕셔너리는 { } 안에 정의되며 콜론(:)으로 key와 값(value)을 분리한다. 딕셔너리는 key-value 쌍으로 구성된 자료(전화번호, 메뉴 등)를 저장하고 처리하는데 유용한다.

예 d = {key1 : value1, key2 : value2, key3 : value3}

```
d = {}  # 빈 딕셔너리 생성
d = {12345: '번호', 22: '순서'}  # key로 정수를 사용할 수 있음
print(d[12345])
```

```
번호
```

딕셔너리의 기존 항목을 수정하거나 제거할 수 있고 새 항목을 추가할 수도 있다. 메뉴(음식-가격) 데이터를 예로 보자. 여기서 key는 문자열인 햄버거, 콜라, 피자, 샐러드이고 value(값)은 숫자 5.0, 1.5, 7.0, 5.0이다. key-value 쌍의 개수를 알려면 len() 함수를 사용한다.

```
menu = {"햄버거": 5.0, "콜라": 1.5, "피자": 7.0, "샐러드": 5.0}
print(menu)
print(len(menu)) # key-value 쌍의 개수
```

```
{'햄버거': 5.0, '콜라': 1.5, '피자': 7.0, '샐러드': 5.0}
4
```

딕셔너리에 항목을 추가하려면 d[key: value]을 사용한다.

```
print(menu)
menu["커피"] = 2.5  # key가 '커피'인 항목을 추가
print(menu)
```

```
{'햄버거': 5.0, '콜라': 1.5, '피자': 7.0, '샐러드': 5.0}
{'햄버거': 5.0, '콜라': 1.5, '피자': 7.0, '샐러드': 5.0, '커피': 2.5}
```

메뉴에서 피자를 제거하고 싶으면 del 명령어를 사용한다.

```
del menu["피자"]  # key가 '피자'인 항목(key-value 쌍) 삭제
print(menu)
```

```
{'햄버거': 5.0, '콜라': 1.5, '샐러드': 5.0, '커피': 2.5}
```

메뉴에서 값을 변경할 수 있다.

```
print(menu)
menu["커피"] = 3.0
print(menu)
```

```
{'햄버거': 5.0, '콜라': 1.5, '샐러드': 5.0, '커피': 2.5}
{'햄버거': 5.0, '콜라': 1.5, '샐러드': 5.0, '커피': 3.0}
```

딕셔너리의 모든 항목을 제거하고 싶으면 clear()를, 딕셔너리 자체를 삭제할 때는 del 명령어를 사용한다. 딕셔너리 삭제 후 딕셔너리를 출력하면 해당 딕셔너리가 존재하지 않는다는 오류 메시지가 뜬다.

```
print(menu)
menu.clear() # menu의 모든 항목을 삭제
print(menu)

del menu # menu 자체를 삭제
print(menu)
```

```
{'햄버거': 5.0, '콜라': 1.5, '샐러드': 5.0, '커피': 3.0}
{}
---------------------------------------------------------------------------
NameError                                 Traceback (most recent call last)
<ipython-input-17-402ac9ae5ba6> in <module>()
      4
      5 del menu # menu 자체를 삭제
----> 6 print(menu)

NameError: name 'menu' is not defined
```

딕셔너리의 키와 값을 추출할 때는 keys(), values()를 사용한다.

```
menu = {"햄버거": 5.0, "콜라": 1.5, "샐러드": 5.0, "커피": 3.0}
print(menu.keys())
print(menu.values())
```

```
dict_keys(['햄버거', '콜라', '샐러드', '커피'])
dict_values([5.0, 1.5, 5.0, 3.0])
```

get(key, key가 없을 때의 반환 값)을 사용해 딕셔너리의 값을 얻을 수 있다.

```
print(menu)
print(menu.get('햄버거', -1)) # '햄버거'인 키가 없으면 -1을 반환
print(menu.get('차', -1))  # '차'인 키가 없으면 -1을 반환
```

```
{'햄버거': 5.0, '콜라': 1.5, '샐러드': 5.0, '커피': 3.0}
5.0
-1
```

key를 정렬하려면 sorted()를 실행한다.

```
print(menu)
print(sorted(menu))
print(menu)
```

```
{'햄버거': 5.0, '콜라': 1.5, '샐러드': 5.0, '커피': 3.0}
['샐러드', '커피', '콜라', '햄버거']
{'햄버거': 5.0, '콜라': 1.5, '샐러드': 5.0, '커피': 3.0}
```

존재하지 않는 key로 값을 추출하면 오류가 발생한다.

```
menu['피자']
```

```
---------------------------------------------------------------------------
KeyError                                  Traceback (most recent call last)
<ipython-input-22-dcdae442cd26> in <module>()
----> 1 menu['피자']

KeyError: '피자'
```

사용 중인 key로 값을 저장하면 이전 값은 사라진다.

```
print(menu)
menu['햄버거'] = 5.5
print(menu)
```

```
{'햄버거': 5.0, '콜라': 1.5, '샐러드': 5.0, '커피': 3.0}
{'햄버거': 5.5, '콜라': 1.5, '샐러드': 5.0, '커피': 3.0}
```

딕셔너리에 key가 존재하는지 검사하고 싶으면 in, not in 키워드를 사용한다.

```
x = '피자'
y = x in menu   # '피자' in menu
z = x not in menu # '피자' not in menu
print(y)
print(z)
```

```
False
True
```

## 2.2.5 튜플

튜플(tuple)은 ()안에 콤마로 분리된 다수의 값들로 구성된다. 튜플은 리스트와 달리 값을 변경할 수 없고 항목의 삭제도 안 된다.

```
t = (1, 2, 'a')
t[0] = 5  # 값 변경 안 됨
```

```
---------------------------------------------------------------------------
TypeError                                 Traceback (most recent call last)
<ipython-input-24-2777bae84356> in <module>()
      1 t = (1, 2, 'a')
----> 2 t[0] = 5  # 값 변경 안 됨

TypeError: 'tuple' object does not support item assignment
```

```
print(t)
del t[0]  # 값 삭제 안 됨
```

```
(1, 2, 'a')
---------------------------------------------------------------------------
TypeError                                 Traceback (most recent call last)
<ipython-input-26-06b549da5ced> in <module>()
      1 print(t)
----> 2 del t[0]  # 값 삭제 안 됨

TypeError: 'tuple' object doesn't support item deletion
```

괄호를 사용하지 않고 정의할 수 있으며 튜플에 튜플이나 리스트를 항목으로 넣을 수 있다.

```
t = 1, 2, 'a'
print(t)

t = (1, 2, 'a', (3, 4))
print(t)
```

```
t = (1, 2, 'a', (3, 4), [5, 'abc'])
print(t)
```

```
(1, 2, 'a')
(1, 2, 'a', (3, 4))
(1, 2, 'a', (3, 4), [5, 'abc'])
```

리스트를 넣으면 리스트 항목은 변경할 수 있다.

```
print(t)
t[4][0] = 7
print(t)
```

```
(1, 2, 'a', (3, 4), [5, 'abc'])
(1, 2, 'a', (3, 4), [7, 'abc'])
```

빈 튜플을 만들 수 있고 항목이 하나인 경우 콤마를 붙인다.

```
t = ()
print(t)

t1 = (1,)
print(t1)
```

```
()
(1,)
```

튜플도 리스트처럼 색인과 자르기를 사용할 수 있다.

```
t = (1, 2, 'a', (3, 4), [5, 'abc'])
print(t[0]) # 색인
print(t[1:3]) # 자르기, 1에서 3-1까지
print(t[4])
print(t[4][1]) # 2차원 구조의 색인
```

```
1
(2, 'a')
[5, 'abc']
abc
```

튜플은 중첩될 수 있으며 튜플의 항목 수를 알려면 len()을 사용한다.

```
print(t)
print(len(t))

t2 = t, (7, 5, 6)  # t2 = (t, (7, 5, 6))와 동일
print(t2)
print(len(t2))
```

```
(1, 2, 'a', (3, 4), [5, 'abc'])
5
((1, 2, 'a', (3, 4), [5, 'abc']), (7, 5, 6))
2
```

튜플 묶기(packing)와 튜플 풀기(unpacking)에서 튜플 풀기는 등호 왼쪽의 변수 개수와 등호 오른쪽의 튜플 원소의 수가 같아야 한다.

```
t = '1st', 2, '3rd' # 튜플 묶기, t = ('1st', 2, '3rd')와 동일
print(t)

x, y, z = t # 등호 기준 왼쪽 변수 개수와 오른쪽 튜플 원소 수가 같아야 함
print('x =', x, 'y =', y, 'z =', z)
```

```
('1st', 2, '3rd')
x = 1st y = 2 z = 3rd
```

## 2.2.6 집합

집합은 수학에서의 집합과 그 개념이 비슷하다. 집합은 여러 개의 원소를 저장한다는 점에서는 시퀀스 자료형(리스트, 튜플)과 유사하지만 값의 "중복과 순서가 없다"는 점에서 차이가 있다. 중복을 허용하지 않기 때문에 중복된 데이터를 넣어도 하나만 저장된다. 파이썬은 set과 frozenset의 두 가지 집합 자료형을 제공한다. set는 변경가능하고 frozenset는 변경불가이다. set는 set() 함수나 { }를 이용해 만들며 빈 집합을 만들 수 있다.

```
a = set()  # 빈 집합 생성
print(a)

b = {1, 2, 3}
print(b)

c = b.copy()  # b 집합을 그대로 복제
print(c)
```

```
set()
{1, 2, 3}
{1, 2, 3}
```

set() 함수를 사용해 문자열을 집합으로 변환할 수 있으며, 변환 결과에 순서와 중복이 없다.

```
x = set('Hello Python')
print(x)
```

```
{'e', 'o', 'y', 'H', 'l', 'P', 'n', 't', 'h', ' '}
```

집합의 원소가 되려면 자료형이 변경 불가여야 한다. 리스트를 집합으로 변환할 수 있지만 (리스트의 모든 항목이 집합의 원소로 변환) 리스트가 집합의 원소는 될 수 없다.

```
a = [1, 2, 3]
b = [4, 5]

A = (6, 7, 8)
B = (9, 10)
c = set(a) # 리스트를 집합으로 변환가능
print(c)

d = set(A)
print(d)

e = {A, B} # 튜플은 변경불가 자료형으로 집합의 원소가 될 수 있음
print(e)

f = {a, b} # 리스트는 변경가능 자료형으로 집합의 원소가 될 수 없음
```

```
{1, 2, 3}
{8, 6, 7}
{(9, 10), (6, 7, 8)}
---------------------------------------------------------------------------
TypeError                                 Traceback (most recent call last)
<ipython-input-32-e46048f769e5> in <module>()
     13 print(e)
     14
---> 15 f = {a, b} # 리스트는 변경가능 자료형으로 집합의 원소가 될 수 없음

TypeError: unhashable type: 'list'
```

집합에 원소를 추가하려면 한 원소 추가에 add()를 사용한다. 주어진 객체(리스트, 집합, 튜플)에 대해 합집합 연산을 하려면 update()를 사용한다. 집합의 원소 개수를 알려면 len()을 사용한다.

```
a = {1, 2}
a.add(3)
print(a)
```

```
a.update([4, 5])  # 리스트와 합집합
print(a)

a.update({0, 6})  # 집합과 합집합
print(a)

a.update((6, 7))  # 튜플과 합집합
print(a, len(a))
```

```
{1, 2, 3}
{1, 2, 3, 4, 5}
{0, 1, 2, 3, 4, 5, 6}
{0, 1, 2, 3, 4, 5, 6, 7} 8
```

집합의 원소 모두를 제거하려면 clear()를 사용한다. 원소 한 개를 제거하려면 discard() 또는 remove()를 사용한다. discard()는 제거할 원소가 없을 때 무시하고 넘어가지만 remove()는 오류를 발생한다. 원소 한 개를 제거하고 이를 반환 받으려면 pop()을 사용한다. pop()은 집합의 가장 왼쪽 원소부터 꺼낸다.

```
a = {1, 2}
a.clear()
print(a)

a = {1, 2, 3, 4}

a.remove(1) # a에서 1 제거
print(a)

a.discard(1) # a에 제거할 1이 없지만 넘어감
print(a)

b = a.pop()
print(a)
print(b)
```

```
set()
{2, 3, 4}
{2, 3, 4}
{3, 4}
2
```

집합 연산에는 〈그림 Ⅰ-12〉에 보인 것처럼 합집합(union, |), 교집합(intersection, &), 차집합(difference, -), 대칭차집합(symmetric_difference, ^)이 있다.

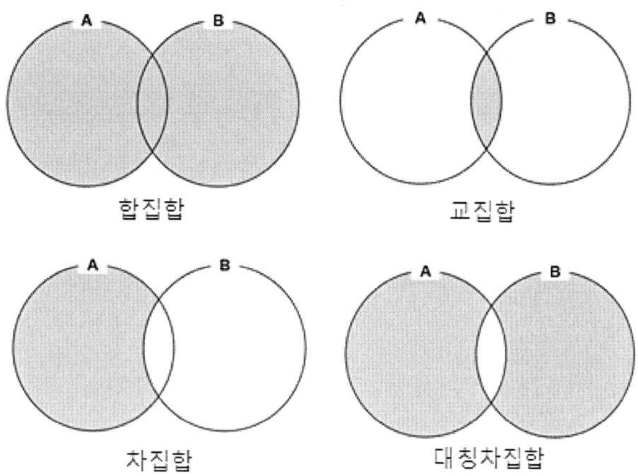


〈그림 Ⅰ-12〉 집합 연산

```
a = {1, 3, 5}
b = {5, 6}
print(a.union(b)) # 합집합
print(a | b) # 합집합

print(a.intersection(b)) # 교집합
print(a & b) # 교집합

print(a.difference(b)) # 차집합
print(a - b) # 차집합

print(a.symmetric_difference(b)) # 대칭 차집합
print(a ^ b) # 대칭 차집합
```

```
{1, 3, 5, 6}
{1, 3, 5, 6}
{5}
{5}
{1, 3}
{1, 3}
{1, 3, 6}
{1, 3, 6}
```

부분 집합과 공집합 여부에 대해 평가할 수 있다.

```
a = {1, 3, 5}
b = {5}
print(a.issuperset(b))  # A⊃B 여부 평가: A가 B의 상위(super) 집합(set)
print(b.issubset(a))  # B⊂A 여부 평가: B가 A의 하위(sub) 집합(set)
print(b.isdisjoint(a))  # A∩B가 공집합인지를 평가
```

```
True
True
False
```

어떤 항목이 집합의 원소인지를 평가할 때 in, not in을 사용한다.

```
A = {1, 3, 5}
print(1 in A)
print(2 not in A)
```

```
True
True
```

파이썬의 자료형을 요약하면 〈표 Ⅰ-1〉과 같다. 자료형 None의 Null은 값이 없음을 의미한다.

〈표 Ⅰ-1〉 파이썬 자료형

| 자료형 | | 설명 | 표현 예 |
|---|---|---|---|
| 숫자형 | bool | 부울(참, 거짓) | x = True, x = False |
| | int | 정수 | x = 1, 0b0111(2진수), 0xFF(16진수) |
| | float | 소수점 포함 실수 | x = 1.0, x = 2.5e3 |
| | None | Null과 동일 | x = Null |
| | complex | 복소수 | x = 1 + 2j, x.real = 1, x.image = 2 |
| str | | 문자열 인용부호<br>항목(값)의 변경 불가 | x = "123", x = 'python' |
| list | | 시퀀스 자료형 | x = [1, 3, 5] |
| dict | | key, value의 쌍<br>key 값은 변경 불가 | x = {'서울':2, '경기':31, '강원':33} |
| tuple | | 시퀀스 자료형<br>항목(값)의 변경 불가 | x = (1, 2, 'a', (3, 4)) |
| set | | 시퀀스 자료형<br>원소(값)의 중복 불가<br>원소(값)에 순서 없음 | x = {1, 3, 5}, x = {'사과', '배'} |

## 2.3 형 변환

데이터나 변수의 자료형을 변경하는 것을 형 변환(casting)이라 한다. 부울, 정수, 실수 및 문자열로의 형 변환은 각각 bool(), int(), float(), complex(), str() 함수를 사용한다.

```
x = 1.0
print(int (x)) # 정수형으로 변환
print(float (x)) # 실수형으로 변환
print(complex (x)) # 복소수형으로 변환
print(str(x)) # 문자열형으로 변환
```

```
1
1.0
(1+0j)
1.0
```

bin(), oct(), hex()로 2진수, 8진수, 16진수로 변경한다. 십진수로는 자동으로 변경된다.

```
print(bin(10)) # 2진수로 변경
print(oct(10)) # 8진수로 변경
print(hex(17)) # 16진수로 변경
```

```
0b1010
0o12
0x11
```

문자열의 진수 값은 int() 함수를 사용한다. 0x, 0o, 0b는 각각 16진수, 8진수, 2진수를 나타낸다.

```
print(int('0b1010', 2)) # 2진수 문자열을 십진수로 변환
print(int('0o12', 8)) # 8진수 문자열을 십진수로 변환
print(int('0x11', 16)) # 16진수 문자열을 십진수로 변환
```

```
10
10
17
```

문자열, 리스트, 튜플 및 집합 사이에도 자료형의 변환이 가능하다.

```
x = list('hello')  # 문자열을 리스트로
print(x)
x = tuple([1, 2, 3])  # 리스트를 튜플로
print(x)
x = list((1, 2, 3))  # 튜플을 리스트로
print(x)
x = set([1, 2, 3])  # 리스트를 집합으로
```

```
x = list({1, 2, 3})  # 집합을 리스트로
print(x)
x = set((1, 2, 3))  # 튜플을 집합으로
print(x)
x = tuple({1, 2, 3})  # 집합을 튜플로
print(x)
```

```
['h', 'e', 'l', 'l', 'o']
(1, 2, 3)
[1, 2, 3]
{1, 2, 3}
[1, 2, 3]
{1, 2, 3}
(1, 2, 3)
```

딕셔너리로의 형 변환은 키와 값이 쌍으로 된 경우에만 형 변환이 가능하다.

```
x = dict([[1,2],[3,4]]) # 리스트를 딕셔너리로 형 변환
print(x)

x = dict([['커피',3.5],['차',4.0]]) # 리스트를 딕셔너리로 형 변환
print(x)
```

```
{1: 2, 3: 4}
{'커피': 3.5, '차': 4.0}
```

딕셔너리를 다른 자료형으로 변경하면 key 값만 반환된다.

```
x = list({'커피': 3.5, '차': 4.0})
print(x)
```

```
['커피', '차']
```

문자를 유니코드로 변환하려면 ord()를 사용하고 유니코드를 문자로 변환하려면 chr()를 사용한다.

```
print(ord('A'), ord('가'))
print(chr(65), chr(44032))
```

```
65 44032
A 가
```

# 3 파이썬 프로그래밍 : 연산자

프로그래밍에서의 연산자는 어떤 식이나 값에 동작을 지시하여 프로그래밍 코드가 논리적으로 동작하도록 한다. 파이썬은 자료와 명령어 처리를 위해 7가지 유형의 연산자를 지원한다. 이들은 산술 연산자, 대입(할당) 연산자, 관계 연산자, 논리 연산자, 식별 연산자, 비트단위 연산자 및 멤버십 연산자이다. 괄호를 사용해 연산의 순서를 지정할 수 있고 가장 안쪽의 괄호부터 계산된다.

## 3.1 산술 연산자

파이썬은 수식 처리를 위한 〈표 Ⅰ-2〉와 같은 산술 연산자(arithmetic operators)를 제공한다. 사칙 연산에서 곱하기에 *가 사용된다. 수학에서 xy는 x 곱하기 y를 의미하지만 프로그래밍에서는 x*y로 표기해야 한다.

〈표 Ⅰ-2〉 산술 연산자

| 산술 연산자 | 사용 | 설명 |
|---|---|---|
| + | x + y | 더하기 |
| − | x − y | 빼기 |
| * | x * y | 곱하기 |
| / | x / y | 나누기 |
| ** | x ** y | 지수 승 $x^y$ |
| % | x % y | 나누기의 나머지 |
| // | x // y | 나누기의 몫 |

```
print(5 + 2, 5 - 2, 5 * 2)
print('5 ** 2 =', 5 ** 2) # 5의 2승
print('5 / 2 =', 5 / 2) # 나누기
print('5 // 2 =', 5 // 2) # 몫
print('5 % 2=', 5 % 2) # 나머지
```

```
7 3 10
5 ** 2 = 25
5 / 2 = 2.5
5 // 2 = 2
5 % 2= 1
```

피연산자(operand: 연산자의 연산 대상)가 정수와 실수가 혼합된 연산에서 정수 피연산자는 실수로 변환한다.

```
print(4 * 3.75 - 1) # 결과는 실수
```

```
14.0
```

## 3.2 대입 연산자

대입 연산자(assignment operators)는 값을 변수에 대입(할당)하는데 사용된다. 등호(=)는 대입 연산자이다. 파이썬은 동적타입(dynamic typing) 언어이므로 변수를 만들 때 변수의 자료형을 지정할 필요가 없다. 새로운 변수에 값을 대입(할당)하면 그 변수가 생성된다. 등호(=)는 등호 왼쪽의 변수에 등호 오른쪽의 값(수치 또는 표현식의 계산 결과)을 대입한다.

```
width = 50
height = 20
area = width * height
print(area)
```

```
1000
```

정의되지 않은(값의 할당이 없는) 변수를 사용하면 오류 메시지(NameError: name 'x' is not defined)를 발생한다.

```
x
```

```
---------------------------------------------------------------------------
NameError                                 Traceback (most recent call last)
<ipython-input-7-6fcf9dfbd479> in <module>()
----> 1 x

NameError: name 'x' is not defined
```

어떤 변수(y)에 산술 연산을 수행하고 그 결과를 자신(y)에 대입하는 경우에는 산술 계산식을 〈표 Ⅰ-3〉과 같이 축약해서 표시할 수 있다.

〈표 Ⅰ-3〉 대입 연산자와 축약 표현

| 대입 연산자 | 사용 | 설명 |
|---|---|---|
| = | y = x | x의 값을 y에 대입 |
| += | y += x | y = y + x |
| -= | y -= x | y = y - x |
| *= | y *= x | y = y * x |
| **= | y **= x | y = y ** x |
| /= | y /= x | y = y / x |
| //= | y //= x | y = y // x |
| %= | y %= x | y = y % x |

## 3.3 관계 연산자

관계 연산자(relational operators)는 연산자 양쪽의 피연산자의 관계를 평가해서 참(True) 또는 거짓(False)으로 반환한다. 관계 연산자끼리는 우선순위가 같아서 왼쪽부터 순서대로 처리된다.

예 10 == 3 + 7

산술 연산자가 관계 연산자 보다 우선순위가 높아서 10 == (3 + 7)과 같고 10 == 10으로 참이다.

1 == 3 〉 2

((1 == 3) 〉 2)와 같고 이는 (False 〉 2)이다.

참은 1, 거짓은 0으로 간주되므로 0 〉 2로 최종 거짓이 된다.

〈표 Ⅰ-4〉 관계 연산자

| 관계 연산자 | 사용 | 설명 |
|---|---|---|
| == | y == x | x와 y가 같으면 참 |
| != | y != x | x와 y가 다르면 참 |
| 〉 | y 〉 x | y가 x보다 크면 참 |
| 〈 | y 〈 x | y가 x보다 작으면 참 |
| 〉= | y 〉= x | y가 x보다 크거나 같으면 참 |
| 〈= | y 〈= x | y가 x보다 작거나 같으면 참 |

```
print(10 == 3 + 7)
print(1 == 3 > 2)
```

```
True
False
```

리스트와 튜플에는 항목의 순서가 있어서 순서가 다르면 같은 것이 아니다.

```
x = ['사과', '배', '포도']
y = ['포도', '배', '사과']
print(x == y) # 리스트 x와 y에서 항목 순서가 다름
```

```
False
```

딕셔너리와 집합에는 항목의 순서가 없다.

```
x = {'사과', '배', '포도'}
y = {'포도', '배', '사과'}
print(x == y) # 딕셔너리와 집합에는 항목의 순서가 없음
```

```
True
```

```
x = {'사과': 0.2, '배': 0.3, '포도': 0.25}
y = {'포도': 0.25, '배': 0.3, '사과': 0.2}
print(x == y) # 딕셔너리와 집합에는 항목의 순서가 없음
```

```
True
```

시퀀스 객체(리스트, 튜플, 딕셔너리)는 동일한 자료형의 다른 객체와 비교될 수 있다. 비교는 사전의 순서를 사용한다. 첫 두 항목이 먼저 비교되고, 둘이 다르면 비교는 결정되고, 같으면 다음 두 항목이 비교되고, 이 과정을 마지막 항목까지 반복한다. 두 객체의 모든 항목이 같아야 두 객체가 같은 것으로 결정된다. 시퀀스 안에 또 다른 시퀀스를 포함하는 경우 짧은 시퀀스가 작은 것이 된다.

```
print((1, 2, 3) < (1, 2, 4))
print([1, 2, 3] < [1, 2, 4])
print('ABC' < 'C' < 'Pascal' < 'Python')
print((1, 2, 3, 4) < (1, 2, 4))
print((1, 2) < (1, 2, -1))
```

```
# 혼합된 수치 자료형은 수치 값에 의해 비교되기 때문에 0은 0.0과 같음
print((1, 2, 3) == (1.0, 2.0, 3.0))
print((1, 2, ('aa', 'ab')) < (1, 2, ('abc', 'a'), 4))
```

```
True
True
True
True
True
True
True
```

## 3.4 논리 연산자

논리 연산자(logical operators)에는 〈표 Ⅰ-5〉와 같이 3가지 연산자가 있다. not 연산자의 우선순위가 가장 높다. A and not B or C는 (A and (not B)) or C를 의미한다. 논리 연산자 and, or는 단락회로 연산자라 부른다. 이들 연산자는 왼쪽에서 오른쪽으로 처리되는데 결과가 나오는 즉시 나머지 연산 처리를 중단한다. A and B and C에서 인수 A와 C는 참이고 인수 B가 거짓이면 결과는 거짓으로 표현식 C를 평가하지 않는다(A, B, C 중 하나라도 거짓이면 거짓이므로). A or B or C에서 A가 참이면 결과도 참으로 B, C를 평가하지 않는다(A, B, C 중 하나라도 참이면 참이므로).

〈표 Ⅰ-5〉 논리 연산자

| 논리 연산자 | 사용 | 설명 |
|---|---|---|
| and | x and y | x, y 모두가 참이면 참 |
| or | x or y | x, y 모두가 거짓이면 거짓 |
| not | not x | x가 참이면 거짓, 거짓이면 참 |

논리 연산자를 사용하면 비교 결과나 부울 표현식을 결합할 수 있다. 가령, 냉방 가동 조건으로 온도(온도 〉 28도)와 습도(습도 〉 70%)를 모두 만족시켜야 한다면 이를 논리 연산자로 결합하면 (온도 〉 28도) and (습도 〉 70%)와 같다. 논리 연산자가 관계 연산자 보다

우선순위가 높아서 이 경우 ()를 넣을 필요가 없지만, 프로그래밍에 익숙하지 않은 경우 괄호로 우선순위를 지정해 코드를 이해하기 쉽게 작성한다.

```
print(2 > 1 and 2 < 3)  # 참 and 참
print(2!=1 and not 1==1)  # 참 and 거짓
```

```
True
False
```

## 3.5 식별 연산자

식별 연산자(identity operators)는 예약어 is와, is not을 사용해 피연산자가 서로 동일한 객체인지를 평가해서 참 또는 거짓을 반환한다.

〈표 Ⅰ-6〉 식별 연산자

| 식별 연산자 | 사용 | 설명 |
|---|---|---|
| is | a is b | 객체 a와 b가 동일하면 참 |
| is not | a is not b | 객체 a와 b가 다르면 참 |

```
a = 256
b = 256
# a, b의 값이 아닌 동일한 객체인지(객체의 메모리 주소가 같은지)를 비교
print(a is b)
print(a is not b)
```

```
True
False
```

파이썬은 -5 ~ 256의 정수는 객체로 만들어 메모리에 저장하고 있고(저장된 객체를 사용) 그 밖의 정수는 저장되어 있지 않다.

```
a = 256
b = 256
print(a == b) # a, b의 값은 256로 같음
print(a is b) # a, b의 저장된 객체 주소도 동일
```

```
True
True
```

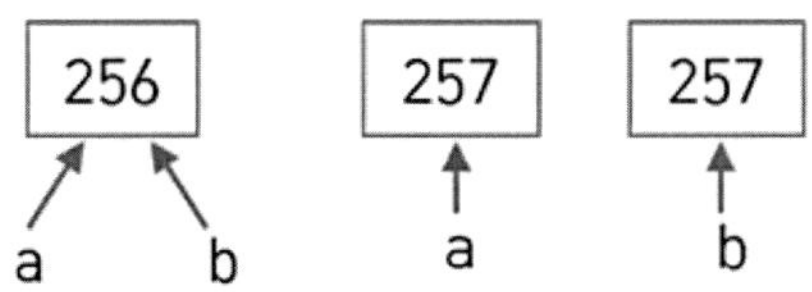


```
a = 257
b = 257
print(a == b) # a, b의 값은 257로 같지만
print(a is b) # a, b의 저장된 객체 주소는 다름
```

```
True
False
```

파이썬의 자료형은 변경가능(mutable)과 불변(immutable)이 있다. 리스트와 같은 변경가능 자료형은 메모리 주소를 공유하기 때문에 하나가 변경되면 다른 것도 변경된다.

```
a = 300
b = a # a, b는 동일한 정수 객체 300을 가짐
print(a == b, a is b)

a = 500 # 불변 자료형 b는 변경되지 않음
print(a, b, a is b)

b = a # a, b는 동일한 정수 객체 500을 가짐
print(a, b, a is b)
```

```
True True
500 300 False
500 500 True
```

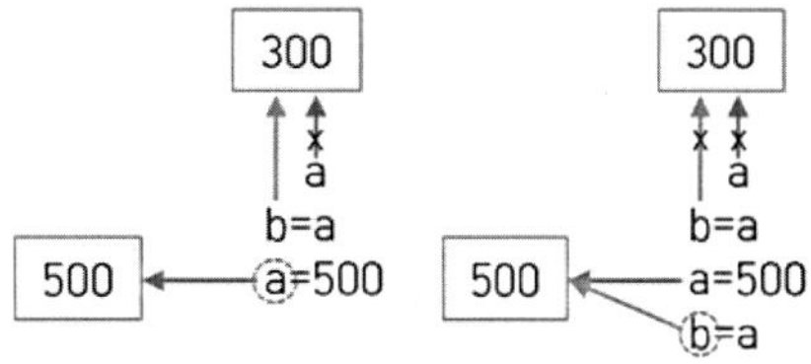


```
a = ['apple']
b = a
print(a, b)
print(a is b) # 주소가 같은지(동일 객체인지)
print(a == b) # 값이 같은지

a[0] = 'tomato'
print(a, b)
print(a is b) # 주소가 같은지(동일 객체인지)
print(a == b) # 값이 같은지
```

```
['apple'] ['apple']
True
True
['tomato'] ['tomato']
True
True
```

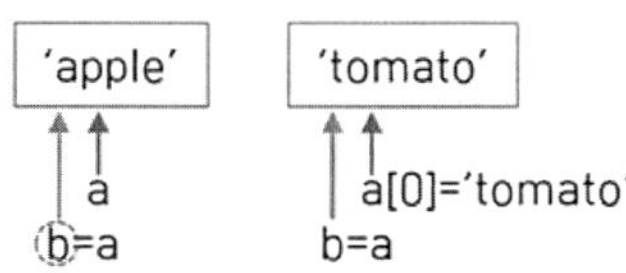


리스트의 경우 메모리 주소를 공유하지 않으려면 복제해야 한다. 리스트가 2차 구조인 경우 b = copy.deepcopy(a)를 사용, 2차 구조의 하위까지 모두 복제한다. 1차 구조의 리스트면 b = a.copy()를 사용해도 된다.

```
import copy

a = [['apple'],'tomato']
b = copy.deepcopy(a) # 2차 구조의 리스트인 a를 복제
print(a, b)
print(a == b) # a와 복제된 b는 그 값은 같음
print(a is b) # a와 복제된 b의 메모리 주소는 다름
```

```
[['apple'], 'tomato'] [['apple'], 'tomato']
True
False
```

리스트 a의 항목을 변경하면 복제 객체 b는 변경되지 않아 a, b 객체의 값과 메모리 주소 모두가 다르다.

```
a[0][0] = 'mango'    # a[0] = 'mango' -> ['mango', 'tomato']
print(a, b)
print(a == b)
print(a is b)
```

```
[['mango'], 'tomato'] [['apple'], 'tomato']
False
False
```

## 3.6 비트 연산자

비트 연산자는 피연산자를 비트 단위로 처리하므로 계산 결과를 직관적으로 알 수 없다.

〈표 I-7〉 비트 연산자

<table>
<tr><th colspan="2">비트 연산자</th><th>사용</th><th colspan="2">설명</th></tr>
<tr><td rowspan="2">시프트</td><td>>></td><td>x >> n<br>x를 n비트 오른쪽으로 이동</td><td colspan="2">2 >> 1 (0010 → 0001로 1이 됨)<br>오른쪽 1비트 이동은 2로 나누기한 효과</td></tr>
<tr><td><<</td><td>x << n<br>x를 n비트 왼쪽으로 이동</td><td colspan="2">2 << 1 (0010 → 0100로 4가 됨)<br>왼쪽 1비트 이동은 2를 곱한 효과</td></tr>
<tr><td>연산</td><td>&</td><td>x & y 비트단위 and 연산</td><td>3&2=2</td><td>0011<br><u>0010</u><br>0010 두 비트 모두 1이면 1</td></tr>
</table>

〈표 Ⅰ-7〉 비트 연산자(계속)

| 비트 연산자 | | 사용 | 설명 | |
|---|---|---|---|---|
| 연산 | \| | x \| y 비트단위 or 연산 | 3\|2=3 | 0011<br>0010<br>0011 한 비트라도 1이면 1 |
| | ^ | x ^ y 비트단위 xor 연산 | 3^2=1 | 0011<br>0010<br>0001 두 비트가 다르면 1 |
| | ~ | ~x x를 비트단위로 부정 | ~3=12 | 0011<br>1100 1은 0, 0은 1로 변경 |

```
x = 15
print(x, ":", bin(x)) # bin()은 이진수로 변환
y = x >> 4
print(y, ":", bin(y))
z = x << 4
print(z, ":", bin(z))
```

```
15 : 0b1111
0 : 0b0
240 : 0b11110000
```

```
print(x, bin(x))
print(y, bin(y))
z = x ^ y # 서로 다르면 1
print(z, bin(z))
```

```
15 0b1111
0 0b0
15 0b1111
```

```
print(255)
print(bin(255))
print(~255)
print(bin(~255))
```

```
255
0b11111111
-256
-0b100000000
```

## 3.7 멤버십 연산자

멤버십 연산자(membership operators)는 예약어인 in, not in을 사용해 특정 항목이 속해 있는지(멤버) 여부를 평가해 참 또는 거짓을 반환한다. 이 연산자를 사용해 어떤 값이 리스트에 있는지, 없는지를 검사할 수 있다.

〈표 Ⅰ-8〉 멤버십 연산자

| 멤버십 연산자 | 사용 | 설명 |
|---|---|---|
| in | a in b | a가 b의 멤버이면 참을 반환 |
| not in | a not in b | a가 b의 멤버가 아니면 참을 반환 |

```
print("th" in "Python")
print(3 not in [1, 2, 3, 4, 5])

fruits = ['apple', 'tomato', 'mango', 'grape']
print('tomato' in fruits, 'tomato' not in fruits)
```

```
True
False
True False
```

## 3.8 연산자 우선순위

파이썬에서 복수의 연산자들이 혼합되어 있을 때 연산자 우선순위는 〈표 Ⅰ-9〉와 같다. 표에서 위에 있는 연산자가 아래에 있는 연산자보다 우선순위가 높으며, 같은 줄에서는 왼쪽의 연산자가 우선순위가 높다. 모든 비교 연산자의 우선순위는 동일하며 다른 수치 연산자 보다 우선순위가 낮다. 복수의 연산자가 혼합된 표현식에서 괄호를 사용해 연산 순위를 지정하면 연산자 우선순위에 따른 혼동을 피할 수 있고 코드를 이해하기 쉬워진다.

〈표 Ⅰ-9〉 연산자 우선순위

| 순위 | 설명 | 연산자 |
|---|---|---|
| 1 | 지수 승 | ** |
| 2 | 단항 연산자 | ~ + - |
| 3 | 산술 연산자 | * / % // |
| 4 | 산술 연산자 | + - |
| 5 | 비트단위 시프트 연산자 | >> << |
| 6 | 비트단위 AND 연산자 | & |
| 7 | 비트단위 XOR, OR 연산자 | ^ \| |
| 8 | 비교 연산자 | <= < > >= |
| 9 | 비교 연산자 | == != |
| 10 | 대입 연산자 | = %= /= //= -= += *= **= |
| 11 | 등가 연산자 | is is not |
| 12 | 멤버십 연산자 | in not in |
| 13 | 논리 연산자 | not or and |

# 4 파이썬 프로그래밍 : 제어문

프로그램의 흐름을 변경하는데 사용하는 제어문으로 조건문과 반복문에 대해 알아본다.

## 4.1 조건문

조건문은 모든 프로그래밍 언어에서 조건에 대한 평가(참 또는 거짓)에 따라 선택된 계산이나 동작을 실행하도록 할 때 사용한다. 파이썬은 다음과 같은 조건문 구조를 가지며 조건 뒤에 반드시 콜론(:)을 붙인다.

```
if 조건1 :
    블록1_명령문
elif 조건2 :
    블록2_명령문
else :
    블록3_명령문
```

조건1이 참이면 블록1_명령문을 실행, 조건1이 거짓이고 조건2가 참이면 블록2_명령문을 실행, 조건1과 조건2가 거짓이면 블록3_명령문을 실행한다. 키워드 elif는 else if를 줄인 말이다. 조건문에 elif 또는 else가 반드시 포함되어야 하는 것은 아니며 elif는 여러 개가 포함될 수 있지만 else는 마지막에 하나만 포함된다.

```
x = -3
if x < 0:
    x = -x
    print('음수는 절대값으로 변경', x)
elif x > 0:
    print(x)
else:
    print('0')
```

```
음수는 절대값으로 변경 3
```

조건에는 부울 변수나 비교 표현식을 논리 연산자로 결합하여 사용할 수 있다. 시험 성적이 80점 이상이고 출석률이 90% 이상이면 합격이고 그렇지 않으면 불합격이라면 이를 다음과 같은 조건식으로 표현할 수 있다.

```
if test >= 80 and attendance >= 90:
    grade = 'P'
else:
    grade = 'F'
```

문자열을 비교하는 표현식을 조건문에 사용할 수 있다.

```
color = 'green'
if color == 'red':
    print('빨간색')
elif color == 'green':
    print('초록색')
else:
    print('빨간색도 초록색도 아님')
```

```
초록색
```

조건문에 또 다른 조건문이 포함될 수 있다(조건문의 중첩 또는 내포라고도 함).

```
age = 20
sex = 'F'
if age >= 19:
  if sex == 'F':
    print('성인 여성')
  else:
    print('성인 남성')
else:
  print('미성년')
```

```
성인 여성
```

지금 당장은 실행할 명령문이 없지만 나중을 위해 if 문을 작성해 두려면 pass 명령문을 넣는다.

```
if x > 0:
    pass
else:
    pass
```

## 4.2 반복문

반복 구조를 통해 동일한 코드 블록을 여러 번 실행할 수 있다. 파이썬은 반복 구조로 for 루프와 while 루프를 제공한다. for 루프는 정해진 횟수만큼 실행되는 반면에 while 루프는 특정한 논리 조건이 참인 동안 실행된다.

## 1) for 루프

파이썬에서 for 루프를 위한 가장 기본적인 구조는 다음과 같은 형식을 갖는다.

```
for 변수 in range(숫자) :
    블록_명령문
```

for 문장 끝에 콜론(:)을 붙인다. 〈변수〉는 임의의 변수가 올 수 있고 〈숫자〉는 반복 횟수를 나타내며 이 반복 횟수만큼 〈블록_명령문〉이 실행된다. 파이썬의 range(n) 함수는 0부터 시작해서 1씩 증가하면서 n−1까지의 값을 반환한다.

```
for i in range(3) : # range(3)은 값 0, 1, 2를 반환
  print(i)
```

```
0
1
2
```

```
for i in range(4) :
  if (i % 2 == 0) :
     print(i,"는 짝수")
  else :
     print(i,"는 홀수")
```

```
0 는 짝수
1 는 홀수
2 는 짝수
3 는 홀수
```

1부터 n−1까지 더하는 코드를 다음과 같이 작성한다.

```
n = 10
total = 0
for i in range(n) :
  total += i
print("합계는", total)
```

```
합계는 45
```

range(start, stop, step)는 3개의 인수를 가질 수 있는데, start는 반환 시작 값을 나타내며 지정하지 않으면 0부터 시작하고, stop-1에서 반환을 종료하며, step은 반환 값의 증가분을 지정한다.

예

| 함수 | 출력 |
| --- | --- |
| range(5) | 0, 1, 2, 3, 4 |
| list(range(5)) | [0, 1, 2, 3, 4] 리스트 생성 |
| range(0, 5) | 0, 1, 2, 3, 4 |
| range(0, 5, 1) | 0, 1, 2, 3, 4 |
| range(1, 5, 2) | 1, 3 |
| range(-1, -5, -1) | -1, -2, -3, -4 |

리스트 [0, 1, 2, 3, 4]를 얻으려면 list(range(5))를 실행한다. 순서를 지정한 후 reversed() 함수를 호출하면 반대 방향으로 반복하게 할 수 있다.

```
for i in reversed(range(1, 10, 2)) : # 1 3 5 7 9를 역순으로
  print(i, end=" ") # end=" "는 줄 바꿈 대신 공백을 넣음
```

```
9 7 5 3 1
```

파이썬에서 for 루프를 문자열이나 리스트에서 항목이 나타나는 순서로 반복되도록 할 수 있다.

```
for 변수 in 문자열 :
    블록_명령문
```

```
for 변수 in 리스트 :
    블록_명령문
```

```
name = "Python"
for s in name : # 문자열 "Python"의 문자에 대해 반복
  print(s, end='.') # end='.'는 출력 문장 끝에 줄 바꿈 대신 구두점을 출력
```

```
P.y.t.h.o.n.
```

```
fruits = ['사과', '배', '복숭아'] # 변수 f는 fruits 리스트에 있는 3개 항목을 순서
대로 가짐
for f in fruits :
  print(f, len(f))
```

```
사과 2
배 1
복숭아 3
```

for 루프에서 리스트와 리스트[:] 사용에 차이점이 있다.

```
fruits = ['사과', '배', '복숭아']
# fruits[:]는 fruits를 복제한 것으로 fruits.insert(0, f)에 의해 영향을 받지 않음
for f in fruits[:] :
  if len(f) > 2 : # 글자 수가 2개 보다 크면
    fruits.insert(0, f) # 글자 수가 3개 이상인 항목을 fruits 맨 앞에 삽입
    print(fruits)
```

```
['복숭아', '사과', '배', '복숭아']
```

```
fruits = ['사과', '배', '복숭아']
for f in fruits :
  if len(f) > 2 :
    fruits.insert(0, f) # fruits.insert(0, f)로 fruits의 항목이 늘어나기 때문에 무한반복
    print(fruits)
```

```
IOPub data rate exceeded.
The notebook server will temporarily stop sending output
to the client in order to avoid crashing it.
To change this limit, set the config variable
`--NotebookApp.iopub_data_rate_limit`.
['복숭아', '복숭아', '복숭아', '복숭아' ........................ 무한 반복
```

리스트의 항목 대신 항목의 색인으로 반복할 때는 range()와 len() 함수를 함께 사용한다.

```
fruits = ['사과', '배', '복숭아']
for i in range(len(fruits)) : # len()은 항목 개수 반환, range(len(fruits))은 range(3)
과 같음
  print(i, fruits[i])
```

```
0 사과
1 배
2 복숭아
```

리스트의 색인으로 반복할 때 enumerate() 함수를 사용하면 더 편리하다.

```
fruits = ['사과', '배', '복숭아']
for i, v in enumerate(fruits) : # i는 리스트 fruits의 항목의 색인을, v는 항목을 가짐
  print(i, v)
```

```
0 사과
1 배
2 복숭아
```

```
fruits = ['사과', '배', '복숭아']
# enumerate()의 start 옵션에 숫자를 지정하면 i는 그 숫자부터 시작
for i, v in enumerate(fruits, start=3) :
   print(i, v)
```

```
3 사과
4 배
5 복숭아
```

리스트 항목으로 계산하고 그 결과를 리스트나 집합으로 만들 수 있다.

```
nlist = [1, 2, 3]
vlist = [ v*v for v in nlist ]
print(vlist)

vset = { v*v for v in nlist }
print(vset)
```

```
[1, 4, 9]
{1, 4, 9}
```

리스트 내포(list comprehension)는 [입력 시퀀스]로부터 조건식을 만족하는 [요소]의 [출력 표현식] 값을 항목으로 갖는 새로운 리스트를 생성한다. 리스트 내포는 다음과 같은 구조를 가진다.

```
[ 출력표현식 for 요소 in 입력 시퀀스 [ if 조건식 ] ]
```

```
s = 'Seoul'
# 입력 시퀀스(s)에 있는 항목 중 조건식(모음 문자)을 만족하는 항목으로 리스트
를 생성
vlist = [ v for v in s if v in 'aeiou' ]
print(vlist)
```

```
['e', 'o', 'u']
```

```
s = 'Seoul'
# 입력 시퀀스(s)에 있는 항목 중 자음 문자로 리스트를 생성
vlist = [ v for v in s if v not in 'aeiou' ]
print(vlist)
```

```
['S', 'l']
```

두 개 이상의 리스트에 있는 항목들에 대한 루프는 zip() 함수로 항목들의 쌍을 만들어 동시에 사용할 수 있다.

```
areas = ['서울', '경기', '강원']
codes = ['02', '031', '033']
for a, c in zip(areas, codes) : # zip() 함수로 항목들의 쌍을 만들어 사용
    print(a, c)
```

```
서울 02
경기 031
강원 033
```

정렬된 순서로 반복하려면 정렬된 리스트를 반환하는 sorted() 함수를 사용한다. sorted()는 본래의 리스트를 변경하지 않고 정렬된 새로운 리스트를 반환한다. 중복 없이 정렬된 항목의 리스트를 얻으려면 sorted(set(리스트))를 사용한다. set(리스트)는 리스트에서 중복된 항목을 제거한다.

```
number = [1, 3, 2, 9, 2, 7]
for n in sorted(number) :
    print(n, end=' ')
print(end='₩n')

print(number) # sorted() 실행 후 number 리스트 변화 없음

for n in sorted(set(number)) :
    print(n, end=' ')
print(end='₩n')
print(number)
```

```
1 2 2 3 7 9
[1, 3, 2, 9, 2, 7]
1 2 3 7 9
[1, 3, 2, 9, 2, 7]
```

루프에서 리스트를 변경해야 할 때는 새로운 리스트를 만들어 사용하는 것이 단순하고 안전하다.

math 모듈의 isnan(x)은 x가 NaN이면 참을 반환한다.

```
import math

x = [3, float('NaN'), 2, float('NaN'), 4.5]
filtered_x = []

for v in x :
  if not math.isnan(v) :
      filtered_x.append(v)

print(filtered_x)
```

```
[3, 2, 4.5]
```

딕셔너리를 통한 반복 실행에서 items()를 사용하면 key와 그 대응 값을 동시에 얻을 수 있다. key만 얻으려면 keys()를, 값만 얻으려면 values()를 사용한다.

```
codes = {'서울': '02', '경기': '031', '강원': '033'}
for k, v in codes.items() :
  print(k, v)

for k in codes.keys() :
  print(k)

for k in codes.values() :
  print(v)
```

```
서울 02
경기 031
강원 033
서울
경기
강원
033
033
033
```

## 2) while 루프

while 루프는 조건이 참이면 해당 블록의 문장을 반복하며, 조건이 거짓이 되면 while 루프를 빠져나와 이 루프 다음의 문장을 실행한다.

```
while 조건 :
  블록_명령문
```

```
counter = 0
while (counter < 3) : # 조건이 참인 동안 반복
   print('카운트는', counter)
   counter = counter + 1

print('루프 탈출') # 조건이 거짓이면 루프 다음 문장을 실행
```

```
카운트는 0
카운트는 1
카운트는 2
루프 탈출
```

## 3) break, continue 및 pass 문

반복문(for 또는 while)에서 break를 만나면 이 break를 포함하는 가장 안쪽 루프를 벗어난다. 즉 인터프리터에게 현재 루프를 종료하고 루프 다음 문장을 실행하도록 한다.

```
for n in range(1, 4) :
    for m in range(1, n+1) :
        if n == m :
            print(n, m)
            break # break를 포함하는 루프는 for - m 루프 벗어나 print("break") 실행
        else :
            print(n, m)

    print("break")
```

```
1 1
break
2 1
2 2
break
3 1
3 2
3 3
break
```

키보드에서 이름(문자열)을 입력받아 리스트에 넣고 키보드에서 빈 문자(enter 키 누름)를 입력 받으면 break 문이 실행되어 while 루프에서 벗어나고, for 루프를 사용해 리스트의 모든 항목을 출력하는 코드를 고려해보자. 아래 코드를 실행한 후 키보드에서 문자열을 입력하고 리턴 키를 누른다. 루프에서 나오려면 문자열 입력 없이 리턴 키를 누른다.

```
names = [] # 빈 리스트 생성
while True : # 무한 반복
    name = input() # 키보드 입력을 변수 name 저장
    if name == '' : # 키보드 입력이 Null이면(즉, 리턴 키를 누르면)
        break
    names = names + [name] # 키보드 입력을 리스트로 만들어 추가

print(names)
```

```
책상
의자
컴퓨터

['책상', '의자', '컴퓨터']
```

반복문에서 continue 문을 만나면 continue 아래에 위치한 문장을 실행하지 않고 다음 반복으로 넘어간다.

```
for n in range(1, 5) :
    if n % 2 == 0 :
        continue  # for의 다음 반복문으로 감
        print("짝수:", n)
    print("홀수:", n)
```

```
홀수: 1
홀수: 3
```

인터프리터가 pass 문을 만나면 아무것도 하지 않고 그냥 프로그램의 실행을 진행한다. 문법적으로 문장(명령문)이 필요한데 곳에 실행할 동작을 지금 지정할 수 없는 경우 pass 문을 넣는다.

```
while True :
    pass # 루프가 완성되지 않은 상태에서 코드를 시험할 때 사용
```

```
def user_func() :
    pass # 사용자 정의 함수가 완성되지 않은 상태에서 코드를 시험할 때 사용
```

# 5 파이썬 프로그래밍 : 함수

함수는 변수와 함께 프로그램을 구성하는 기본 요소로 유사한 기능을 하는 명령문을 모아 놓은 것으로 프로그램의 다른 부분에서 이를 사용할 수 있다. 함수를 사용하면 프로그램을 구조화해서 효율성을 높일 수 있다. 구조화는 코드의 중복을 피하고 복잡한 작업을 다루기 쉬운 작은 부분으로 분해해서 프로그램의 명확성과 가독성을 높인다. 함수는 서브루틴(subroutine), 프로시저(procedure), 서브프로그램(subprogram) 또는 메서드(method)로도 불린다. 함수는 인수로 값을 받을 수 있고 계산 결과를 반환할 수 있다. 프로그래밍 언어에서 함수는 그 언어가 제공하는 내장 함수와 사용자가 직접 작성하는 사용자 정의 함수로 구분한다.

## 5.1 내장 함수

파이썬은 프로그래밍을 쉽고 빠르며 강력하게 만드는 내장 함수를 제공한다.

### 5.1.1 콘솔 입출력 함수

파이썬에서 콘솔(화면)에 자료를 입력하기 위한 input() 함수와 콘솔에 자료를 출력하기 위한 print() 함수를 사용한다.

#### 1) 콘솔(화면) 입력 함수

키보드는 입력 데이터를 수집하는 가장 보편적인 방법이다. 파이썬은 키보드 입력 데이터를 받을 수 있도록 input() 함수를 제공한다. 이 함수를 호출하면 프롬프트 문자열이 화면에 표시되고 콘솔로부터 엔터 키의 입력이 있을 때까지 프로그램은 정지한다. 사용자가 입력한 내용(콘솔에 입력한 한 줄)을 문자열로 변환한 후 이를 반환한다.

예 input( " 프롬프트 " )는 문자열 프롬프트를 콘솔에 표시한다.

```
s = input("숫자를 입력하세요? ") # 엔터 입력까지 대기
print(s) # 키보드 입력 표시

print(type(s)) # 키보드 입력의 자료형(문자열) 표시
num = int(s) # 정수로 변환
print(num)
```

```
숫자를 입력하세요? [          ]
숫자를 입력하세요? 1
1
<class 'str'>
1
```

키보드에서 숫자를 입력해도 문자열로 입력되므로 문자열을 숫자로 형변환하여 사용한다.

```
# 입력 받은 문자열을 정수로 변환 후 num에 저장
num  = int(input("숫자를 입력하세요? "))
print(type(num))
```

```
숫자를 입력하세요? 2
<class 'int'>
```

```
num1  = float(input("첫째 실수를 입력하세요? ")) # float( )는 실수로 변환
num2  = float(input("둘째 실수를 입력하세요? "))
print(num1 + num2)
```

```
첫째 실수를 입력하세요? 1
둘째 실수를 입력하세요? 2
3.0
```

사용자가 입력한 것이 숫자인지 문자열인지 알아내려면 문자열로 변환된 입력을 숫자형(int 또는 float)으로 변환한 후 이를 숫자인지 문자열인지 확인한다. 다음 코드에서 입력이 정수이면 int()로 변환될 것이고 정수가 아니면 valueError 예외가 발생하며 이는 실수 또는 문자열임을 나타낸다. float() 함수로 입력이 변환되면 입력이 부동 소수점이고 valueError 예외가 발생하면 문자열임을 나타낸다. try ~ except는 예외 발생을 처리하는 구문이다.

```
user_input = input("나이 입력: ")
try :
    val = int(user_input) # 실수이거나 문자열이면 ValueError 발생
    print("입력한 정수는 ", val)
except ValueError:
    try:
        val = float(user_input) # 실수가 아니면(문자열이면) ValueError 발생
        print("입력한 실수는 ", val)
    except ValueError:
        print("당신이 입력한 것은 정수도 실수도 아님")
```

```
나이 입력: 30
입력한 정수는  30
```

## 2) 콘솔(화면) 출력 함수

콘솔 출력에 print() 함수를 사용하며, 출력 형식을 지정하기 위해 format()을 사용한다. [문자열.format()]을 사용하는 방법은 { }과 그 안의 포맷 필드는 format( )에 의해 전달된 객체들로 치환(대체)된다.

```
print('{ } 값은 { }이다.'.format('pi', '3.14'))
```

```
pi 값은 3.14이다.
```

{ } 안에 숫자로 format( )으로 전달된 객체를 지정할 수 있으며 숫자는 0부터 시작한다.

```
print('{0} and {1} : {1} or {0}'.format('dog', 'cat'))
```

```
dog and cat : cat or dog
```

format( )에 키워드 인수를 사용해 값을 지정할 수 있다.

```
print('이 {food}은 {adjective}.'.format(food='햄', adjective='상했다'))
```

```
이 햄은 상했다.
```

{ } 안에 d는 십진수, b는 이진수, o는 8진수, x는 16진수로 표시하도록 한다.

```
print("int: {0:d}, bin: {0:b}, oct: {0:o}, hex: {0:x}".format(46))
```

```
int: 46, bin: 101110, oct: 56, hex: 2e
```

{ } 안에 콤마(,)는 천의 자리를 구분한다.

```
print('{:,}'.format(1234567890))
```

```
1,234,567,890
```

{ }안의 %는 백분율로, f는 실수로 표시하도록 한다. %, f의 앞에 오는 .숫자는 표시할 자릿수를 지정한다.

```
print('백분율: {0:.2%}, 실수: {0:.1f}'.format(0.145))
```

```
백분율: 14.50%, 실수: 0.1
```

포맷 문자열에서 값을 표시할 때 〈표 Ⅰ-10〉의 표시 유형을 사용한다.

〈표 Ⅰ-10〉 포맷 문자열의 표시 유형

| 유형 | | 의미 |
|---|---|---|
| 문자열 | s | 문자열 출력 형식으로 기본 값으로 생략 가능 |
| 정수 | b | 이진수로 출력 |
| | c | 문자로 출력 |
| | d | 십진수로 출력 |
| | o | 8진수로 출력 |
| | x | 16진수로 출력, 소문자 a, b, c, d, e, f를 사용 |
| | X | 16진수로 출력, 대문자 A, B, C, D, E, F를 사용 |
| 실수 | e | 지수로 표시, 기본 정밀도 6 |
| | E | 대문자 E를 사용하는 것 외에는 e와 동일 |
| | f | 고정 소수점 표시, 기본 정밀도 6 |
| | F | f와 같지만 nan을 NAN으로, inf를 INF로 표시 |
| | % | 숫자에 100을 곱해 백분율로 표시 |

## 5.1.2 파일 입출력 함수

파일 입출력 함수는 자료를 파일에 저장하거나 파일에 저장된 자료를 읽어오기 위한 함수이다.

### 1) 파일 입력 함수

파일 입 · 출력에서 open()은 파일 객체를 반환한다. 두 개의 인수를 주는 open(filename, mode)가 가장 많이 사용되며, 첫째 인수(filename)는 파일명을 나타내는 문자열이고 둘째 인수(mode)는 파일이 사용될 모드(〈표 Ⅰ-11〉)를 지정한다. 파일 쓰기에서 써지는 데이터는 자동으로 파일 끝에 추가되며 모드 인수를 생략하면 'r'로 간주한다. 파일은 보통 텍스트 모드로 열리며, 이는 파일에서 특정한 인코딩의 문자열을 읽고 쓰는 것을 의미한다. 인코딩을 지정하지 않으면 기본 값이 적용된다. 모드 인수에 'b'를 추가하면 바이너리(이진) 모드로 파일이 열리고, 데이터는 바이트 열 객체의 형태로 읽고 쓴다. 텍스트를 포함하지 않는 파일에는 바이너리 모드를 사용해야 된다. 텍스트 모드에서 읽고 쓸 때는 줄 단위로 처리되며, 줄의 끝을 표시하는데 윈도우에서 ₩r₩n을 사용한다. 파일 객체를 다룰 때 with 키워드를 사용하면 도중에 예외가 발생해도 파일이 정상적으로 닫힌다. with 키워드를 사용하지 않으면 f.close()를 호출해서 명시적으로 파일을 닫아 사용한 시스템 자원을 즉시 반납해야 된다. 명시적으로 f.close()를 실행하지 않으면 파이썬이 강제로 파일을 닫지만, 한 동안 파일이 열린 상태로 있게 된다.

〈표 Ⅰ-11〉 파일 모드

| 모드 | 의미 |
|---|---|
| 'r' | 파일 읽기 모드 |
| 'w' | 파일 쓰기 모드(같은 이름의 파일이 존재할 경우 이전 파일을 삭제하고 쓴다) |
| 'a' | 기존 파일의 끝에 추가 |
| 'r+' | 파일을 읽고 쓰기 위한 모드 |

〈그림 Ⅰ-13.a〉과 같이 코랩의 디렉토리 창에서 마우스 우측 버튼을 클릭하고 새 파일을 선택한다. untitled의 파일이 생성되고 이 파일 우측 끝(⋮)을 클릭, 파일 이름 바꾸기를 선택하고 파일명은 test.txt로 변경한다(〈그림 Ⅰ-13.b〉). 이 파일을 더블 클릭하면 코랩 우측에 파일 창이 열린다. 여기에 test를 입력한다(〈그림 Ⅰ-13.c〉).

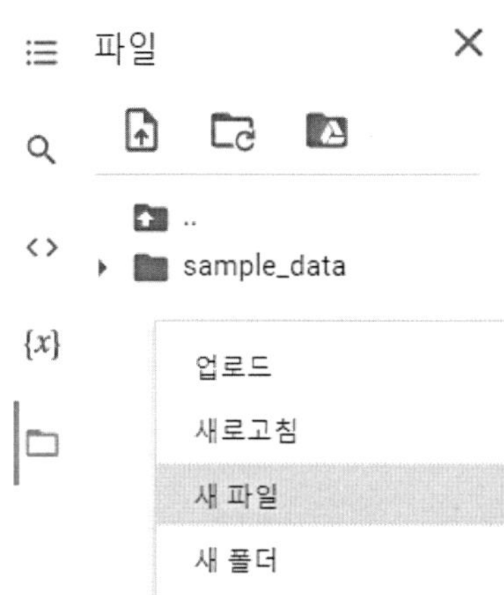


a. 새 파일 생성

〈그림 Ⅰ-13〉 텍스트 파일 만들기

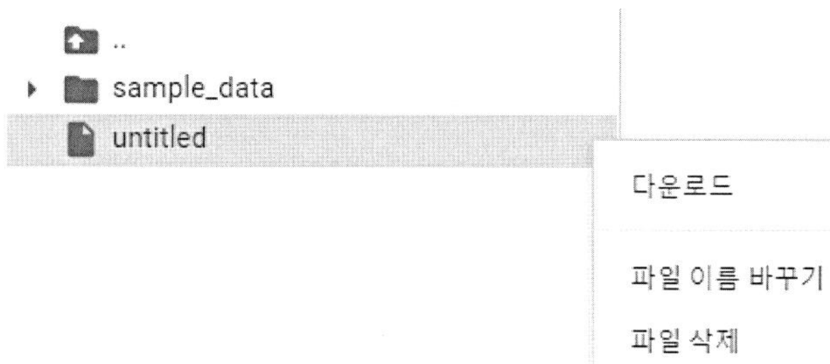


b. 파일 이름 바꾸기

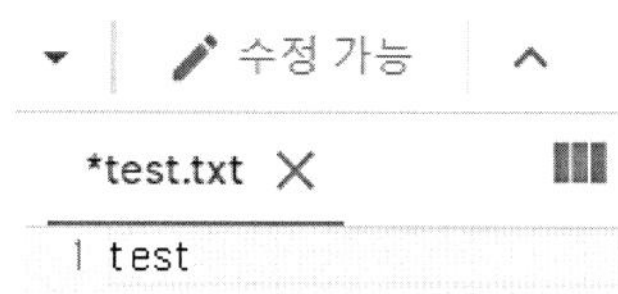


c. text.txt 파일

〈그림 Ⅰ-13〉 텍스트 파일 만들기(계속)

```
# filename 인수에 파일 경로와 파일명을 주고 파일 객체 f 생성
with open('test.txt') as f :    # open('test.txt', 'r')와 동일
    # 파일 객체의 내용을 읽음, f.read()는 파일 끝에 도달하면 빈 문자열을 반환
    read_data = f.read()
print(read_data)
```

```
test
```

코랩이 아닌 컴퓨터의 디렉토리에 있는 파일을 읽으려면 디렉터리의 절대경로와 함께 파일명을 준다. 예로 C:₩Temp 디렉토리에 test.txt 파일이 있다면 파일명 자리에 C:₩Temp₩test.txt를 준다. 읽을 크기를 지정할 수 있는데 f.read(size)는 텍스트 모드에서 size 문자를, 바이너리 모드에서 size 바이트를 읽고, size가 없으면 파일 전체를 읽는다.

```
with open('test.txt') as f :
    read_byte = f.read(1) # 1 바이트만 읽음
print(read_byte)
```

```
t
```

f.readline()은 파일에서 한 줄을 읽고 그 끝에 줄 바꿈 문자( ' ₩n ' )를 붙인다. 파일의 마지막 줄에서는 줄 바꿈 문자가 생략된다. 빈 줄은 하나의 줄 바꿈 문자( ' ₩n ' )로 표현된다. test.txt 파일을 다음과 같이 수정한다.

```
test.txt ×
1 test
2 test again
```

코드 실행 결과를 보면 첫 줄 후 줄 바꿈 문자가 추가되어 빈 줄이 들어간다.

```
with open('test.txt') as f :
    read_line1 = f.readline()
    read_line2 = f.readline()

print(read_line1) # 'test₩n'을 반환
print(read_line2) # 'test again'을 반환, 마지막 줄에는 ₩n이 붙지 않음
```

```
test

test again
```

파일에서 여러 줄을 읽을 때, 파일 객체에 반복을 적용하면 메모리를 빠르고 효율적으로 사용할 수 있다.

```
with open('test.txt') as f :
  for line in f:
    # end=''는 print() 실행 후 줄을 바꾸지 않음, end='₩n'와 비교
    print(line, end='')
```

```
test
test again
```

파일의 모든 줄을 읽어 리스트에 저장하려면 list(f) 또는 f.readlines()를 사용한다.

```
with open('test.txt') as f :
  lines = list(f) # 또는 lines = f.readlines()
print(lines)
```

```
['test₩n', 'test again']
```

## 2) 파일 출력 함수

파일 출력에는 f.write(str)을 사용한다. 이 함수는 파일에 str의 내용(문자열)을 쓰고 쓴 문자 개수를 반환한다. 쓰기 할 내용이 문자열이 아니면 문자열로 변환한 후 쓰기를 실행한다. 아래 코드를 실행하면 코랩에 test2.txt 이 생성된 것을 볼 수 있다.

```
with open('test2.txt','w') as f :
  n = f.write('쓰기 문장₩n') # 쓰기한 문자 개수를 반환
print(n)
```

```
6
```

쓰기 모드가 'w' 이면 파일에 있던 이전 내용은 지워지며, 이전 내용에 추가하려면 'a'로 한다.

```
menu = {'커피': 5000, '녹차': 4000}
with open('test2.txt','w') as f :
   f.write(str(menu)) # 문자열로 변환 후 쓰기
```

test2.txt ×

```
1 {'커피': 5000, '녹차': 4000}
```

```
with open('test2.txt','a') as f :
   f.write('문자열 추가')
```

test2.txt ×

```
1 {'커피': 5000, '녹차': 4000}
2 문자열 추가
```

### 3) 구조 데이터의 저장

문자열은 파일에 쉽게 쓰고 읽을 수 있다. 숫자는 read() 함수가 문자열만을 반환하기 때문에 int() 또는 float()를 사용해 숫자형으로 변환해서 사용한다. 읽은 문자열이 '123'이면 int('123')으로 숫자 123으로 변환한다. 중첩된 리스트나 딕셔너리 같은 복잡한 데이터를 저장할 때는 이를 수작업으로 파싱(parsing)하고 직렬화(serialization)하는 것이 어렵다. 파이썬에서 피클 모듈을 사용하면 구조화된 데이터를 쉽게 읽고 쓸 수 있다. 피클은 파일을 이진(바이너리) 형식으로 저장한다. 모듈 pickle을 불러온 후 쓰기는 pickle.dump(저장 대상, 파일 객체)를, 읽기는 pickle.read(파일 객체)를 사용한다.

```
# 피클 모듈을 이용 데이터를 파일에 쓰고 읽음
import pickle
list = ['a', 'b', 'c']

with open('list_binary.txt', 'wb') as f :
    pickle.dump(list, f)

with open('list_binary.txt', 'rb') as f :
    print(pickle.load(f))
```

```
['a', 'b', 'c']
```

## 5.1.3 코랩에서 데이터 파일 쓰기와 읽기

### 1) 저장할 데이터 만들기

수학 지원 math 모듈을 불러온 후 리스트 x, y에 다음과 같이 데이터를 저장한다.

```
import math

x = []
y = []
t = 0.
for i in range(0,33) :
    x.append(t)
    y.append(math.sin(t))
    t += 0.1

print(x[:3]) # 리스트의 첫 3 항목을 출력
print(y[:3])
```

```
[0.0, 0.1, 0.2]
[0.0, 0.09983341664682815, 0.19866933079506122]
```

x, y의 그래프를 위해 matplotlib의 pyplot 모듈을 plt로 불러온다. plot.plot(x,y)로 그래프를 그린다.

```
import matplotlib.pyplot as plt

plt.plot(x,y)
```

```
[<matplotlib.lines.Line2D at 0x7fa534a30ad0>]
```

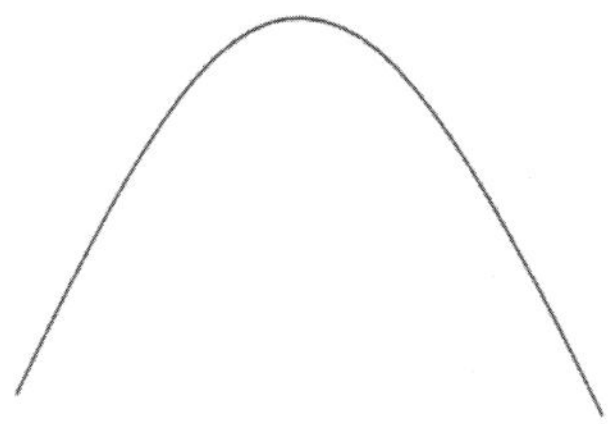

데이터 x, y를 갖는 리스트를 만든다.

```
d = [x, y] # [[x][y]]
print(len(d)) # 리스트의 크기
```

```
2
```

배열로 변환을 위해 numpy 모듈을 np로 불러온다. npd = np.array(d)는 리스트 d를 배열 npd로 변환한다. npd.transpose()는 배열 npd의 행과 열을 전치한다. 배열의 차원을 보려면 배열.shpae을 사용한다.

```
import numpy as np

npd = np.array(d) # 배열로 변환
print(npd.shape)
print(npd)

dt = npd.transpose() # 행과 열의 전치
print(dt.shape)
print(dt)
```

```
(2, 33)
[[ 0. 0.1 0.2 · · · 3.2 ]
 [ 0. 0.09983342 0.19866933 · · · −0.05837414]]
(33, 2)
[[ 0. 0. ]
```

```
[ 0.1  0.09983342]
[ 0.2  0.19866933]
        . . .
[ 3.2  -0.05837414]]
```

## 2) 코랩에서 데이터를 csv 파일로 쓰기

리스트 데이터를 csv 파일에 저장하기 위해 csv 모듈을 불러온다. 앞에서 만든 배열 데이터 dt를 sin.csv 파일에 저장한다(〈그림 Ⅰ-14.a〉). 코랩에서 sin.csv 파일을 더블 클릭하면 화면 우측에 편집기가 열리고 파일 내용을 확인할 수 있다(〈그림 Ⅰ-14.b〉).

```
import csv

with open('sin.csv', 'w', newline='') as f :
  writer = csv.writer(f)
  writer.writerows(dt) # 코랩에 (33,2) 차원 배열 데이터를 sin.csv에 저장
```

다음 코드를 사용해 코랩에서 sin.csv 파일을 사용자 컴퓨터의 C:₩Users₩user₩ Downloads에 다운로드 한다(〈그림 Ⅰ-14.c〉).

```
from google.colab import files
files.download('sin.csv') # PC 사용자 다운로드 폴더에 저장 C:₩Users₩user₩Downloads
```

```
Downloading "sin.csv"
```

a. 코랩에 생성된 파일

sin.csv

총 32개 항목 중 1~10 필터

| 0.0 | 0.0 |
|---|---|
| 0.1 | 0.09983341664682815 |
| 0.2 | 0.19866933079506122 |
| 0.30000000000000004 | 0.2955202066613396 |
| 0.4 | 0.3894183423086505 |
| 0.5 | 0.479425538604203 |
| 0.6 | 0.5646424733950354 |
| 0.7 | 0.644217687237691 |
| 0.7999999999999999 | 0.7173560908995227 |
| 0.8999999999999999 | 0.7833269096274833 |
| 0.9999999999999999 | 0.8414709848078964 |

페이지당 10 개 표시 1 2 3 4

b. 파일 내용

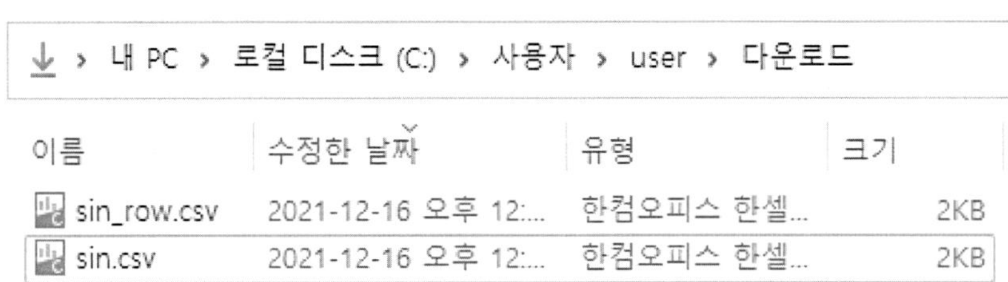


c. 절대경로에 저장된 csv 파일

〈그림 Ⅰ-14〉 csv 파일로 데이터 저장

리스트 x, y의 데이터를 sin_row.csv 파일로 저장한다.

```
import csv

with open('sin_row.csv', 'w', newline='') as f :
  writer = csv.writer(f)
  writer.writerow(x) # 리스트 x 저장
  writer.writerow(y) # 리스트 y 저장
```

```
Downloading "sin_row.csv"
```

코랩의 sin_row.csv 파일을 컴퓨터로 다운로드 한다. 해당 파일을 열면 2행 32열의 데이터가 보인다(〈그림 Ⅰ-15〉).

```
from google.colab import files
files.download('sin_row.csv') # PC 사용자 다운로드 폴더에 저장 C:₩Users₩user₩Downloads
```

```
Downloading "sin_row.csv"
```

sin_row.csv ✕

| 0.0 | 0.1 | 0.2 | 0.30000000000000004 | 0.4 |
|---|---|---|---|---|
| 0.0 | 0.09983341664682815 | 0.19866933079506122 | 0.2955202066613396 | 0.3894183423086505 |

페이지당 10 개 표시

〈그림 Ⅰ-15〉 sin_row.csv 파일

## 3) 코랩에서 csv 파일 읽기

로컬 드라이브에서 csv 파일을 코랩에 업로드 한 후 이를 읽는다. 아래 코드를 실행하면 파일 선택 버튼이 보이고 이를 클릭 업로드할 파일(sin.csv)을 선택한다.

```
from google.colab import files

uploaded = files.upload() # C:₩Users₩user₩Downloads
print(uploaded)
```

```
파일 선택 선택된 파일 없음          Cancel upload
sin.csv(application/vnd.ms-excel) - 1137 bytes, last modified: 2021. 12. 16. - 100% done
Saving sin.csv to sin.csv
{'sin.csv': b'0.0,0.0₩r₩n0.1,0.09983341664682815₩r
```

csv 파일을 읽어 리스트에 저장한다. csv 파일을 열 때 한글 지원을 하려면 encoding = ' cp949 ' 와 같이 인코딩을 설정한다.

```
import csv

# 파일을 열 때 한글 지원 cp949 인코딩 설정
with open('sin.csv', 'r', encoding="cp949") as f :
    # csv 모듈의 reader 함수로 f를 읽어 data라는 변수에 저장
    data = csv.reader(f, delimiter=',')
    print(data)
    #next(data) # 헤더(열 이름)가 있는 경우 건너뛰고자 할 때 사용

    x = []
    y = []
    for row in data : # data를 한 줄씩 읽어 리스트인 row에 저장
        x.append(float(row[0]))
        y.append(float(row[1]))

import matplotlib.pyplot as plt
plt.plot(x,y)
```

```
<_csv.reader object at 0x7ff21b0d6350>
```

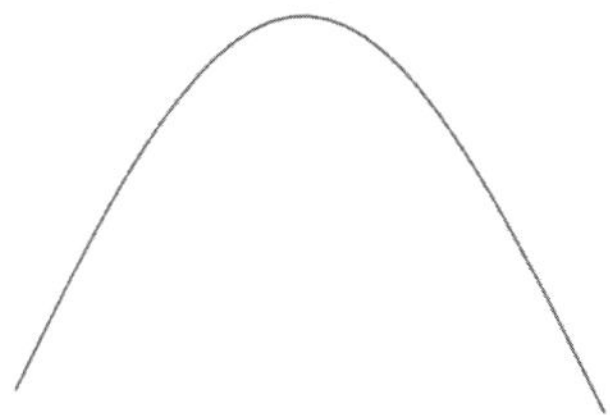

헤더를 넣고, Pandas DataFrame 자료형으로 만들 경우 다음과 같이 한다. 열 단위 헤더를 넣기 위해 names = [ ' x ' ,  ' sin ' ]를 사용한다. 로컬 드라이브에서 sin.csv를 코랩에 업로드한 후 실행한다.

```
import io
import pandas as pd

data = pd.read_csv(io.BytesIO(uploaded['sin.csv']), names = ['x', 'sin'], encoding
= 'utf-8')
print(type(data))
print(data)
```

```
<class 'pandas.core.frame.DataFrame'>
      x       sin
0   0.0  0.000000
1   0.1  0.099833
2   0.2  0.198669
3   0.3  0.295520
  ...
```

## 5.1.4 수학 관련 함수 등

함수 abs()는 정수나 실수를 인수로 받아 그 절대값을 반환, 복소수를 인수로 건네면 복소수의 크기를 반환한다.

```
print(abs(-7.5), abs(1+1j))
```

```
7.5 1.4142135623730951
```

함수 max()는 둘 이상의 인수 가운데 가장 큰 값을, min()은 가장 작은 값을 반환한다.

```
print(max(1, 2, 3), min(1, 2, 3))
```

```
3 1
```

함수 sum()은 인수의 합을, len()은 항목의 개수를 반환하고 sum()/len()은 평균을 계산한다.

```
x = [1, 2, 3, 4, 5]
print("항목 수:", len(x), "합:", sum(x), "평균:", sum(x)/len(x))
```

```
항목 수: 5 합: 15 평균: 3.0
```

함수 range()는 특히 반복 루프에서 유용하다. range(n)은 1부터 n-1까지 1씩 증가한 숫자 리스트를 발생한다. range(n)은 range(0,n)과 동일하다. 반환 값을 보려면 list(range(n))을 사용한다. range(begin, end, step)은 begin부터 end-1까지 step만큼 증가하는 숫자 리스트를 생성한다.

```
x = list(range(5))
print(x)

y = list(range(-5, 5, 2))
print(y)
```

```
[0, 1, 2, 3, 4]
[-5, -3, -1, 1, 3]
```

함수 type()은 주어진 인수의 자료형을 반환한다.

```
print(type(1), type(1.0), type('1'), type(1+1j))
```

```
<class 'int'> <class 'float'> <class 'str'> <class 'complex'>
```

파이썬이 제공하는 내장 함수에는 다음과 같은 것이 있다.

- abs() all() any() ascii()
- bin() bool() bytearray() bytes()
- callable() chr() classmethod() compile() complex()
- delattr() dict() dir() divmod()
- enumerate() eval() exec()
- filter() float() format() frozenset()
- getattr() globals()
- hasattr() hash() help() hex()
- id() input() int() isinstance() issubclass() iter()
- len() list() locals()
- map() max() memoryview() min()
- next()
- object() oct() open() ord()
- pow() print() property()
- range() repr() reversed() round()
- set() setattr() slice() sorted() staticmethod() str() sum() super()
- tuple() type()
- vars()
- zip()

## 5.2 사용자 정의 함수

사용자 정의 함수는 사용자가 만든 함수를 말하며, 이를 만드는 방법을 알아본다.

### 5.2.1 함수 정의

파이썬에서 사용자 정의 함수를 정의할 때 〈그림 Ⅰ-16〉과 같이 키워드 def를 사용하고 함수 이름과 괄호 안에 전달할 매개변수(인수) 리스트가 오고 괄호 다음에 콜론(:)이 온다. 함수의 본체는 다음 줄에서 들여쓰기 후 시작한다. return 문은 함수 본체 어디든 올 수 있고 하나 이상 있을 수 있다. return 문은 함수 호출을 끝내며 return 다음에 오는 표현식의 값을 반환한다. return 문이 없거나 return 문 뒤에 공백이면 아무것도 반환하지 않는다. 〈그림 1-16〉에 보인 것처럼 def로 시작하는 첫 줄을 함수의 헤더, 들여쓰기 된 문장을 함수의 본체(바디)라 한다.

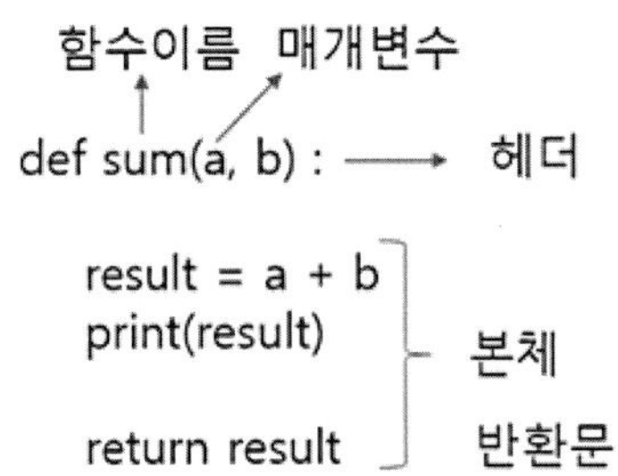


〈그림 Ⅰ-16〉 함수 정의

함수의 실행을 요청하는 것을 함수 호출(Function call)이라 한다. 함수가 호출되어 실행될 때 매개변수는 인수가 되고 매개변수(인수)가 없으면 빈 괄호 ()를 사용한다. 함수의 실행은 호출을 통해 〈그림 Ⅰ-17〉과 같은 순서로 실행된다.

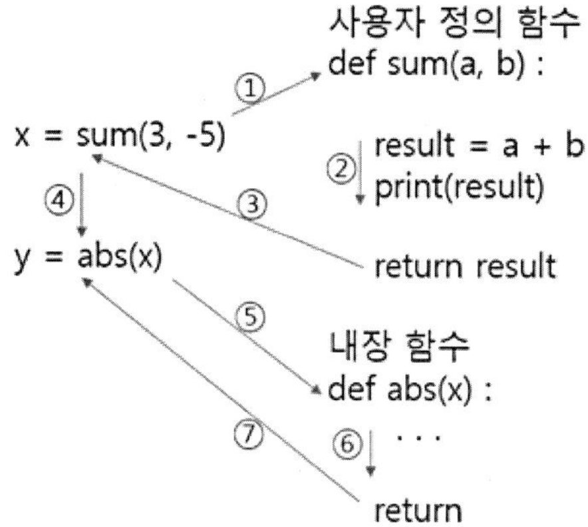


〈그림 Ⅰ-17〉 함수 호출에 의한 명령문 실행 순서

다음 코드에서 매개변수로 전달된 1과 2는 인수 a, b에 보관되고 이를 더해 result에 저장한 후 그 값을 반환한다.

```
def sum(a, b) :
  result = a + b
  return(result)

print(sum(1, 2))
```

```
3
```

return 문장이 여러 개 있을 수 있고 return 문장이 실행되면 함수 실행은 종료된다.

```
def cal(s, a, b) :
  if s == '+':
    return(a+b)
  elif s == '-':
    return(a-b)
  elif s == '*':
    return(a*b)
```

```
    elif s == '/':
        return(a/b)

print(cal('+', 5, 2), cal('-', 5, 2), cal('*', 5, 2), cal('/', 5, 2))
```

```
7 3 10 2.5
```

## 5.2.2 함수에서 전역변수 사용

함수 내부에 정의된 변수(지역변수)와 매개변수는 지역 범위를 가지며 함수 외부에서는 볼 수 없다. 변수의 수명은 메모리에 존재하는 기간을 나타내는데 지역변수는 함수에서 복귀할 때 메모리에서 삭제된다. 전역변수는 함수 내부를 포함 어디에서도 참조할 수 있다.

```
total = 10 # 전역변수로 어디에서도 참조 가능

def sum(a, b) :
    result = 0 # 지역변수로 sum() 내부에서만 유효
    result = a + b + total
    return(result)

total = sum(1, 2)
print(total)
```

```
13
```

함수 내부에서 전역변수를 참조하는(값을 읽거나 할당 받음) 대신 전역변수에 값을 할당하려면 해당 전역변수를 global로 선언해야 한다.

```
total = 0

def sum(a, b) :
    # 함수 내에서 전역변수 total에 값을 저장하려면 global total라는 선언 필요
    global total
    total = a + b + total
    return

sum(1, 2)
print(total)
```

```
3
```

함수 내부에 global total을 선언하지 않으면 total을 지역변수로 인식해서 오류가 발생한다.

```
total = 0
def sum(a, b) :
    total = a + b + total
    return

sum(1, 2)
print(total)
```

```
UnboundLocalError: local variable 'total' referenced before assignment
```

## 5.2.3 반환 값이 다수인 경우

파이썬에서 함수는 다수의 값을 반환할 수 있다.

```
def sum(a, b) :
    result = a + b
    return(a, b, result) # 다수의 값을 튜플로 만들어 반환


x = sum(1,2)
print(x)
print(type(x))
```

```
(1, 2, 3)
<class 'tuple'>
```

```
def sum(a,b) :
    return([a, b, a+b]) # 다수의 값을 리스트로 만들어 반환


print(sum(1,2))
```

```
[1, 2, 3]
```

```
def sum(a, b) :
    result = [] # 빈 리스트 생성
    result.append(a) # 리스트 객체 함수인 append()를 사용
    result.append(b)
    result.append(a+b)
    return(result)


print(sum(1,2))
```

```
[1, 2, 3]
```

## 5.2.4 인수의 기본 값을 지정

함수에 전달할 매개변수(인수)가 하나 이상인 경우 인수에 기본 값을 주면 정의된 인수 개수 보다 작은 수의 인수로 호출이 가능하다.

```
def sum(a, b, c=0, d=0): # 인수 c와 d는 기본 값 0을 가짐
    return(a+b+c+d)

print(sum(1,2), sum(1,2,3), sum(1,2,3,4)) # 필요한 최소 인수 수는 2개
```

```
3 6 10
```

인수의 기본 값은 한 번만 지정한다.

```
def func(arg=0): # arg의 기본 값 0으로 지정
  print(arg)

func() # 인수 없이 호출하면 기본 값이 사용
func(1)
```

```
0
1
```

## 5.2.5 함수에서 다른 함수 호출

제곱의 합을 계산하는 함수를 만든다고 하면, 제곱 계산 함수와 합 계산 함수를 각각 만들고 합 계산 함수에서 제곱 계산 함수를 호출한다.

```
def square(x):
    return x * x

def sum(x, y):
    return x + y

x = sum(square(2), square(3))
print(x)
```

```
13
```

## 5.2.6 Lambda 표현식

키워드 lambda를 사용해 단일 표현식의 함수를 만들 수 있다. 기능을 정의해 두고 사용하는 일반적인 함수와 달리 이 함수는 필요한 곳에서 간단하게 만들어 사용한 후 버리는 일시적인 함수로 사용한다.

```
lambda 인수 리스트: 표현식
```

```
power = lambda x: x**2
plus = lambda a, b: a+b

print(plus(power(2), power(3)))
```

```
13
```

## 5.2.7 함수 문서화

함수 문서화는 함수의 목적에 대한 설명(함수 헤더 다음 줄에 작성)과 추가 설명(한 줄 뛰고 작성)으로 구성된다. 보통 추가 설명에는 함수 호출 예시와 효과 등이 포함된다. 함수 문서화는 옵션이지만 이를 작성하는 것은 좋은 프로그래밍 습관으로, 함수 문서화의 설명을 docstring이라 하고 속성 __doc__에 저장된다.

```
함수 문서화    """함수의 목적

               추가 설명
               """
```

```
def funcs():
  """함수의 목적

  추가 설명(함수 호출 예제, 효과 등)
  """
  pass

print(funcs.__doc__)
```

```
함수의 목적

추가 설명(함수 호출 예제, 효과 등)
```

# 6 파이썬 프로그래밍 : 모듈과 패키지

## 6.1 모듈

파이썬에서 모듈(module)은 파이썬 정의와 명령문을 포함하는 .py로 끝나는 파일의 이름이다. 모듈을 불러올 때는 import를 사용하며 불러온 모듈 이름을 이용해 모듈 내부의 함수를 호출(사용)한다. 예로, 텍스트 편집기를 사용해 다음과 같은 calculator.py라는 파일(〈그림 Ⅰ-18〉)을 만든 후 이를 코랩에 업로드 한다(〈그림 Ⅰ-19〉).

calculator.py

```
z = 0

def add(x, y):
    return (x+y)

def subtract(x, y):
    return (x-y)
```

〈그림 Ⅰ-18〉 calculator.py

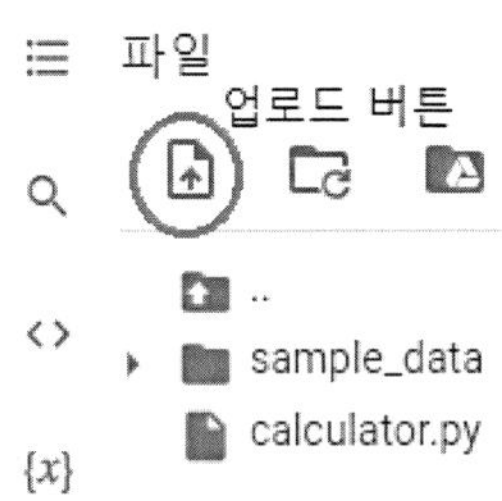


〈그림 Ⅰ-19〉 코랩에 업로드

이제 모듈 calculator를 불러온 후 모듈 내부의 add() 함수를 다음과 같이 사용할 수 있다.

```
import calculator

ans = calculator.add(1,2)
print(ans)
```

```
3
```

모듈의 전역변수도 사용할 수 있다.

```
print(calculator.z)
calculator.z = 10
print(calculator.z)
```

```
0
10
```

모듈의 이름이 길면 다음과 같이 줄여서 불러올 수도 있고 모듈 내부의 함수만 불러올 수도 있다.

```
import calculator as cal

z = cal.subtract(1,2)
print(ans)
```

```
-1
```

from 모듈명을 사용하면 모듈 내부의 이름을 불러와 사용할 수 있고 다른 이름으로 변경해 사용사용할 수도 있다.

```
from calculator import add, subtract

print(add(1,2))
print(subtract(1,2))

from calculator import add as f_add

print(f_add(1,2))
```

```
3
-1
3
```

모듈 내부의 모든 함수를 불러올 때는 다음과 같이 한다.

```
from calculator import *

print(add(1,2))
print(subtract(1,2))
```

```
3
-1
```

파이썬은 표준 모듈로 구성된 라이브러리를 제공한다. dir(모듈명)은 모듈이 정의하고 있는 이름(변수, 함수, 모듈)을 찾는데 사용하며 정렬된 문자열 리스트를 반환한다.

```
dir(calculator)
```

```
['__builtins__',
 '__cached__',
 '__doc__',
 '__file__',
 '__loader__',
 '__name__',
 '__package__',
 '__spec__',
```

```
'add',
'subtract',
'z']
```

수학 관련 함수들을 모아놓은 모듈 math를 불러온 후 모듈 내부 함수를 확인하려면 dir(모듈명)을 친다.

```
import math

dir(math)
```

```
['__doc__',      'atanh',     'fabs',      'isfinite',  'pi',
 '__loader__',   'ceil',      'factorial', 'isinf',     'pow',
 '__name__',     'copysign',  'floor',     'isnan'      'radians',
 '__package__',  'cos',       'fmod',      'ldexp',     'remainder',
 '__spec__',     'cosh',      'frexp',     'lgamma',    'sin',
 'acos',         'degrees',   'fsum',      'log',       'sinh',
 'acosh',        'e',         'gamma',     'log10',     'sqrt',
 'asin',         'erf',       'gcd',       'log1p',     'tan',
 'asinh',        'erfc',      'hypot',     'log2',      'tanh',
 'atan',         'exp',       'inf',       'modf',      'tau',
 'atan2',        'expm1',     'isclose',   'nan',       'trunc']
```

## 6.2 패키지

패키지(package)는 도트와 모듈 이름을 함께 사용해서 모듈을 구조화시키는 파이썬의 모듈 명명법이다. 예로, 모듈 이름 A.B는 A라는 패키지 하위에 있는 모듈 B를 지정한다. 사운드 데이터와 파일을 처리하기 위한 모듈들의 집합(패키지)을 설계한다고 하자. 다양한 사운드 파일 형식(wav, aiff, mp3 등)이 존재한다. 서로 다른 형식으로 변환하기 위한 모듈이 필요하며 사운드 처리(믹싱, 에코, 이퀄라이저 등)를 위한 모듈도 필요하다. 이렇게 모듈이 다수일 경우 파일 시스템과 같은 계층적인 패키지 구조를 고려한다(〈그림 Ⅰ-20〉).

```
sound/                  최상위 패키지
    __init__.py         사운드 패키지 초기화
    formats/            파일 형식 변화 하위 패키지
        __init__.py     __all__ = [ " wavread " , " wavwrite " , " aiffread " ,
        wavread.py                " aiffwrite " ,  " auread " ,  " auwrite " ] 포함
        wavwrite.py
        aiffread.py
        aiffwrite.py
        auread.py
        auwrite.py
    effects/            음향효과 하위 패키지
        __init__.py     __all__ = [ " echo " , " surround " ] 포함
        echo.py
        surround.py
    filters/            필터 하위 패키지
        __init__.py     __all__ = [ " equalizer " , " vocoder " ] 포함
        equalizer.py
        vocoder.py
```

〈그림 Ⅰ-20〉 sound 패키지

패키지를 불러올 때 파이썬은 sys.path에 있는 디렉토리를 통해 패키지 하위 디렉토리를 탐색한다. __init__.py 파일은 파이썬에게 패키지 파일을 포함하는 디렉토리를 처리하도록 요구한다. 가장 단순한 경우 __init__.py는 빈 파일일 수 있지만 패키지를 위한 초기화 코드를 실행하거나 __all__ 변수를 설정할 수 있다. 패키지 사용자는 패키지에서 다양한 방법으로 모듈을 불러올 수 있다.

- import sound.effects.echo : 하위 모듈 sound.effects.echo를 불러오며, 전체 이름으로 참조해야 한다.

  예 sound.effects.echo.echofilter(input, output, delay=0.7, atten=4)
- from sound.effects import echo : effects의 하위 모듈 echo를 불러오며 패키지 접두어 없이 사용한다.

  예 echo.echofilter(input, output, delay=0.7, atten=4)
- from sound.effects.echo import echofilter : 모듈 echo의 echofilter() 함수를 직접 사용한다.

  예 echofilter(input, output, delay=0.7, atten=4)

- import * from 패키지 : 패키지의 하위 모듈 모두를 불러오며 모두 불러오는데 시간이 걸린다. 파이썬은 패키지의 __init__.py 코드에 모듈 이름을 갖는 리스트 __all__를 정의한다. 이 리스트는 패키지에서 import *를 실행할 때 불러올 모듈 이름을 갖고 있다. 파일 sound/effects/__init__.py는 __all__ = [ "echo", "surround" ] 코드를 포함한다.
- from sound.effects import * : sound.effects 패키지의 하위 모듈 2개를 불러온다. __all__이 정의되지 않으면 from sound.effects import * 은 패키지 sound.effects로부터 모든 하위 모듈을 불러온다.

# II

# 머신러닝

0. 머신러닝(Machine Learning) 알아보기
1. 지도학습 : 선형 회귀(Linear Regression)
2. 지도학습 : 로지스틱 회귀(Logistic Regression)
3. 지도학습 : 다항 로지스틱 회귀(Multi Logistic Regression)
4. 지도학습 : 다층 신경회로망(MLP: Multi-Layer Perceptron)의 회귀
5. 지도학습 : 의사결정트리(Decision Tree)
6. 지도학습 : 랜덤 포래스트(Random Forest) 분류기

# 0 머신러닝(Machine Learning) 알아보기

인공지능의 머신러닝(기계학습)은 지도학습(supervised Learning), 비지도학습(unsupervised learning)과 강화학습(reinforcement learning)으로 나뉜다.

## [지도학습]

지도학습은 훈련 데이터를 사용해 하나의 함수를 유추하는 머신러닝 방법이다. 훈련 데이터는 입력(특징: feature)과 입력에 대한 타겟(목표) 값을 가진다. 유추된 함수가 연속적인 값을 출력하면 회귀(regression)라 하고 주어진 입력이 어떤 종류의 것인지를 표시하면 분류(classification)라 한다. 회귀는 데이터의 특징을 기준으로 연속적인 값(실수)을 예측하는 문제로 주로 패턴이나 추세를 예측할 때 사용된다. 예로, 지역별 범죄율, 지방세율, 주택별 평균 방의 개수, 고속도로 접근성 등의 데이터를 입력으로 주택 가격을 예측할 수 있다. 분류는 주어진 입력을 정해진 라벨(클래스)에 따라 분류하는 문제이다. 양성 아니면 음성(맞음 아니면 틀림)과 같은 이항(바이너리) 분류 문제와 과일에서 사과, 바나나, 오렌지 등 2 가지 이상으로 분류하는 다항 분류 문제가 있다. 예로, 메일이 입력으로 주어지면 라벨로 스팸 또는 스팸 아님을 출력하는 것은 이항 분류 문제이다.

## [비지도학습]

비지도학습은 입력 값에 대한 정답을 주지 않고 유사한 데이터들을 군집화해 데이터가 어떻게 구성되었는지를 알아낸다. 일종의 그룹화 알고리즘으로 라벨이 없는 데이터로부터 패턴이나 형태를 찾는데 사용된다. 대표적인 것인 클러스터링(clustering)이다. 예로, 다수의 과일 이미지가 있고 그 중 어떤 과일인지에 대한 타겟(목표)은 주어지지 않지만 입력 이미지의 색깔이나 형태 등의 특징에 기초해서 과일별로 군집화 한다.

## [강화학습]

강화학습은 행동 심리학 이론에 기초한 것으로 분류할 데이터가 존재하지 않거나 있어도 타겟(목표)이 정해져 있지 않은 경우 자신(agent)이 한 행동에 대해 보상(reward)를 받으며 학습한다. 예로, 게임 규칙을 따로 정하지 않고 게임 환경(environment)에서 현재 상태(state)에서 높은 점수(reward)를 얻는 방법을 찾아 행동(action)하는 학습 방법으로 학습이 반복되면 높은 점수를 얻을 수 있는 전략이 형성된다. 딥러닝의 등장 이후 상태에 대한 보상 계산에 신경회로망을 적용하면서 바둑이나 자율 주행차와 같은 복잡한 문제에 강화학습을 적용할 수 있게 되었다. 강화학습에 딥러닝을 성공적으로 적용한 대표적인 알고리즘으로 딥마인드의 DQN과 A3C가 있다.

## [전처리 - 피처 엔지니어링]

머신러닝은 입력을 분류하거나 입력에 대한 값을 예측(회귀)한다. 분류와 예측을 잘 하기 위한 입력 데이터의 특징을 피처(feature)라 부르며 이를 잘 정의하는 것이 머신러닝에서는 매우 중요하다. 원래(raw) 데이터에서 예측과 분류를 잘 할 수 있도록 적절한 피처를 만들어 주는 작업을 피처 엔지니어링이라 한다. 예로, 고양이와 강아지의 이미지를 분류한다면 이 둘 사이에 차이를 보이는 귀의 모양, 눈코입의 위치, 무늬 등이 피처로 사용될 수 있다. 학습에 사용될 데이터에 누락 항목이 없도록 하는 것도 이에 포함된다. 피처 스케일링에는 모델 학습에 사용될 입력(특징)을 균일하게(비슷한 범위로) 만드는 것도 포함된다. 신경회로망은 모든 입력과 타겟을 텐서로 변환해야 하는 경우 이를 데이터의 벡터화(vectorization)라 한다.

## [전처리 - 데이터 분할]

데이터 세트는 훈련(train), 검증(validation) 및 시험용(test)으로 분할하여 사용한다. 훈련용은 머신러닝 모델을 학습시킬 때 사용한다. 검증용은 학습된 모델의 성능을 평가하는데 사용되며 시험용은 모델의 성능을 최종적으로 시험하는데 사용된다. 모델이 훈련용 세트에 과도하게 학습되는 것을 방지하고(과대적합 방지) 검증용 세트에 대해서도 훈련용 데이터와 유사한 수준의 성능을 보이도록 모델의 하이퍼 매개변수를 조정(튜닝)하면서 모델이 만들어진다. 이렇게 만들어진 모델은 시험용 세트로 최종 시험된다. 시험용 세트는 모델의 학습 과정에 관여되선 안 된다. 시험은 학습된 결과를 최종적으로 확인하는 과정이므로 그 결과에 따른 최적화 과정이 없었어야 한다. 만약 시험용 세트에 대한 성능이 만족스럽지 못하면 모델의 하이퍼 매개변수 조정 대신 모델의 구조를 변경하고 처음부터 학습을 다시 시작해야 한다.

## [과대적합과 과소적합]

머신러닝에서 핵심은 학습된 모델의 최적화와 일반화 사이에서 균형을 맞추는 것이다. 최적화(optimization)는 훈련 데이터로 최고의 성능을 얻기 위해 모델을 학습시키는 과정인 반면에 일반화(generalization)는 학습된 모델이 훈련에 사용되지 않은 데이터에 대해서도 얼마나 잘 수행되는지를 나타낸다. 학습 초기에는 최적화와 일반화가 서로 상관되어 훈련 및 검증용 데이터 모두에서 성능이 개선되는(비용 함수가 감소하는) 상황이 발생한다. 이를 과소적합(uderfitting)이라고 하고 모델의 성능이 개선될 여지가 많다. 학습 횟수가 증가하다 보면 검증용 데이터 세트에 대한 성능이 더 이상 개선되지 않고 저하되는데, 이는 모델이 훈련용 데이터에 특화된 패턴에 과도하게 학습된 상황으로 과대적합(overfitting)이라 한다.

## [머신러닝 작업 흐름]

머신러닝 모델을 만들기 위한 작업 흐름은 다음과 같다(그림 Ⅱ-1).

① 문제 정의와 데이터 세트 수집

입력과 출력이 무엇인지와 어떤 데이터를 사용할 것인지, 충분한 데이터가 있는지, 시계열 데이터인 경우 미래가 과거와 같이 진행할 것인지 등에 확인한다.

- 입력 데이터, 예측할 정보(출력)
- 문제의 유형 : 이항 분류, 다항 분류, 회귀 예측 등

② 성능평가 지표의 선택

학습 모델의 성능을 평가할 수 있는 기준을 선택한다. 클래스 분포가 균일한 분류 문제에서는 정확도, ROC와 AUC가 성능평가 지표로 사용되고 클래스 분포가 균일하지 않은 문제에서는 정밀도와 재현율이 사용된다. 다항 분류 문제에서는 평균 정밀도가 사용된다. 회귀 문제에서는 성능지표로 평균제곱오차(MSE), 평균절대오차(MAE) 또는 결정계수($R^2$)가 사용된다.

③ 교차 검증 방법의 선택

교차 검증은 훈련용 및 시험용 데이터를 교차 변경하는 방법이다. 교차 검증의 목적은 훈련용 데이터 세트에 대한 과대적합을 방지해서 일반화된 모델을 만들기 위함이다. 홀드아웃 교차 검증(hold-out cross-validation)은 특정 비율로 훈련용 데이터, 검증용 데이터와 시험용 데이터를 1회 분할하여 사용한다. 훈련용 데이터 세트는 모델의 학습에, 검증용 데이터 세트는 모델의 하이퍼 매개변수의 튜닝(조정)에, 시험용 데이터 세트는 모델의 최종 성능 검증에 사용된다. K-겹 교차 검증(k-fold cross validation)은 전체 데이터를 K군으로 나누고 K번 다른 하나의 군을 시험용 데이터로 나머지를 훈련용 데이터로 사용한다. 최종 성능은 K개의 모델 성능 평가의 평균값을 사용한다.

④ 데이터 준비

데이터에 대해 전처리(피처 스케일링)를 수행하고 교차 검증 방법에 따라 데이터를 훈련용, 검증용 및 시험용으로 분할한다.

⑤ 모델 정의와 학습

머신러닝 모델을 선택하고 해당 모델의 하이퍼 매개변수를 정의한 후 모델의 학습한다.

⑥ 모델의 성능 검증

성능 평가 지표를 사용해 모델의 성능을 검증한다. 모델의 하이퍼 매개변수를 튜닝하면서 최적화와 일반화 사이에 절충된 모델을 찾는다.

⑦ 모델의 최종 시험

시험용 데이터로 검증된 모델을 시험한다. 시험 결과가 만족스럽지 못하면 신경회로망의 경우 모델의 크기(층의 수, 층별 노드 수)를 조정하거나 규제(가중치 규제나 드롭아웃)를 추가한 후 학습 단계로 복귀한다.

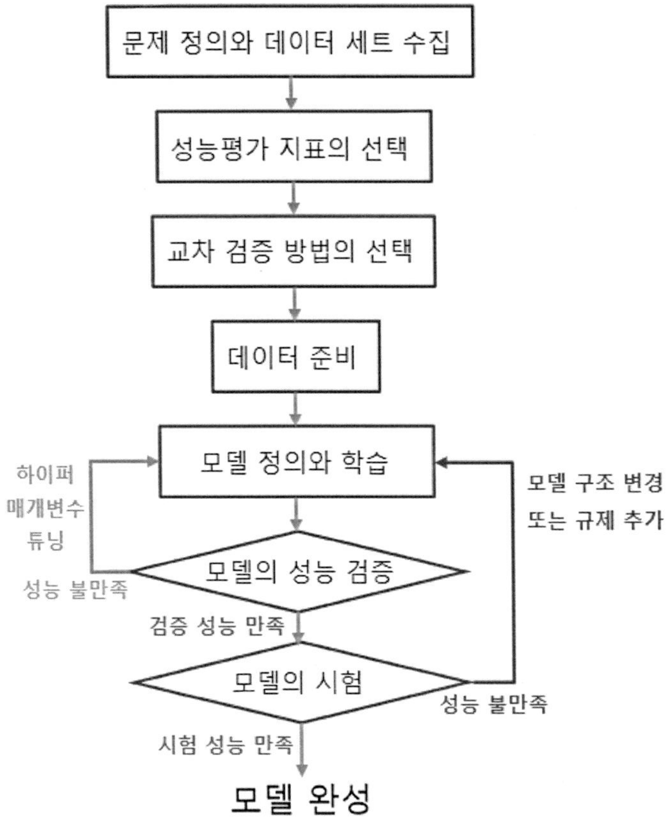


〈그림 Ⅱ-1〉 머신러닝 작업 흐름

# 1 지도학습 : 선형 회귀(Linear Regression)

선형 회귀는 입력(독립) 변수 $x$와 그에 따른 출력(종속) 변수 $y$가 존재한다면, $x$와 $y$ 사이에 선형 상관 관계를 모델링한다. 〈그림 Ⅱ-2〉는 2차원 공간에 당뇨병 데이터 세트에서 입력 변수인 특징(feature) 하나와 출력을 점으로 표시한 것이다. 이 데이터를 사용해 선형 근사에 의해 응답을 예측할 수 있다.

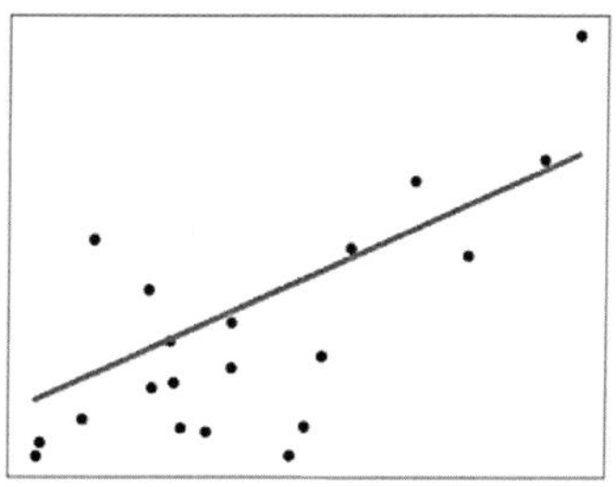

〈그림 Ⅱ-2〉 선형 회귀

일반적으로 예측된 값과 실제 값 사이에는 오차가 존재하며, 평균적인 오차의 양은 상관관계의 강도와 직접적으로 연관된다. 실제 값($y$)과 선형 근사에 의해 예측 값($\hat{y}$) 사이의 잔차 제곱합(Residual Sum of Squares: RSS)을 최소로 하는 직선(선형 회귀 모델)을 찾는다. RSS는 0에 근접할수록 더 적합한 선형 회귀 모델이 된다.

$$RSS = \sum_{i=1}^{n} \left(y_i - \hat{y_i}\right)^2,$$

$y_i$는 $i$번째 실제 값, $\hat{y}_i$는 $i$번째 예측 값

선형 회귀 모델이 주어진 데이터에 얼마나 적합한지를 평가하는 지표로 결정 계수(Coefficient of determination: $R^2$)를 사용할 수도 있다. $R^2$는 1에 근접할수록 더 적합한 선형 회귀 모델이 된다.

$$R^2 = 1 - \frac{\sum_{i=1}^{n}(y_i - \hat{y}_i)^2}{\sum_{i=1}^{n}(y_i - \bar{y})^2},$$

$y_i$는 $i$번째 실제 값, $\hat{y}_i$는 $i$번째 예측 값, $\bar{y}$는 실제 값의 평균

## 1.1 데이터 준비

### 1.1.1 데이터 생성

0 ~ $2\pi$까지 $x$ 값을 넘파이(import numpy as np)의 균일 분포 난수로 300개 생성한다. 넘파이는 결과를 배열로 반환한다. $y = x + 1.5 \times \sin(x)$를 계산한다.

```
import numpy as np
import math
import matplotlib.pyplot as plt

# 데이터 샘플 수 지정
SAMPLES = 300

# 시드 값을 지정, 동일한 랜덤 패턴을 구현
SEED = 1
np.random.seed(SEED)

# 사인 값 발생을 위한 0 ~ 2π 범위의 x 값을 균일 분포 난수로 생성
x = np.random.uniform(low=0, high=2*math.pi, size=SAMPLES).astype(np.float32)

# 사인 값을 계산
y = x + 1.5*np.sin(x).astype(np.float32)

# 데이터를 그래프로 표현. 인수 'b.'는 파란색 도트로 그리도록 함
plt.plot(x, y, 'b.')
plt.show()
```

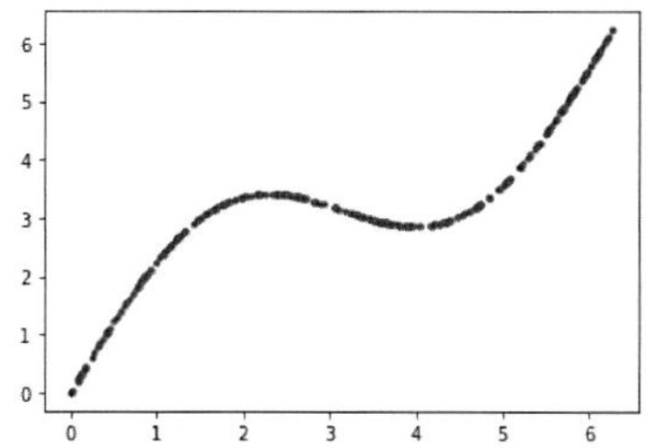

임의로 데이터에 잡음을 추가한다.

```
# y 값에 무작위로 작은 값을 더함
y += 1.*np.random.random(SAMPLES)  # 가우시안 정규 분표

# 그래프로 표현
plt.plot(x, y, 'b.')
plt.show()
```

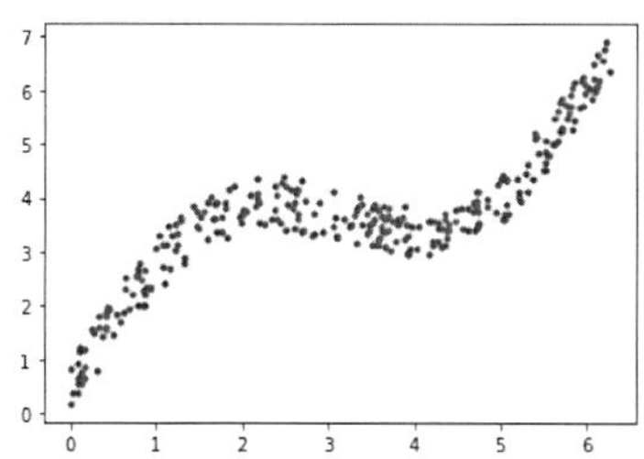

## 1.1.2 데이터 분할

데이터를 훈련(60%), 검증(20%), 시험(20%)용으로 분할한다.

```
# 분할 지점 지정
TRAIN_SPLIT =  int(0.6 * SAMPLES)  # 검증 데이터 시작 위치 지정
TEST_SPLIT = int(0.2 * SAMPLES + TRAIN_SPLIT) # 테스트 데이터 시작 위치 지정

# 데이터 분할을 위해 np.split()을 사용
# np.split()의 둘째 인수는 데이터가 분할될 인덱스를 배열로 표현
# 두개의 인덱스를 기준으로 데이터를 3개로 분할
x_train, x_validate, x_test = np.split(x, [TRAIN_SPLIT, TEST_SPLIT])
y_train, y_validate, y_test = np.split(y, [TRAIN_SPLIT, TEST_SPLIT])

# 분할된 데이터 크기 출력
print(x_train.shape, x_validate.shape, x_test.shape)
print(y_train.shape, y_validate.shape, y_test.shape)

# 1D -> 2D 배열로 변환
x_train = x_train.reshape(-1,1)
y_train = y_train.reshape(-1,1)
x_validate = x_validate.reshape(-1,1)
y_validate = y_validate.reshape(-1,1)
x_test = x_test.reshape(-1,1)
y_test = y_test.reshape(-1,1)
print(x_train.shape, x_validate.shape, x_test.shape)
print(y_train.shape, y_validate.shape, y_test.shape)
```

```
(180,) (60,) (60,)
(180,) (60,) (60,)
(180, 1) (60, 1) (60, 1)
(180, 1) (60, 1) (60, 1)
```

## 1.2 선형 회귀 모델 구축

사이킷런 linear_model 패키지의 LinearReression()을 사용한다.

### 1.2.1 선형 회귀 모델의 학습

선형 회귀 모델을 구성하고 훈련 데이터로 학습한다.

```
from sklearn.linear_model import LinearRegression

# 선형 회귀 모델 구성
regr = LinearRegression()
print(regr)

# 훈련 데이터로 선형 회귀 모델을 학습함
regr.fit(x_train, y_train)

# y = regr.coef_*x + regr.intercept_
print("학습된 계수:", regr.coef_, "학습된 절편:", regr.intercept_)

# 선형 회귀 예측
y_train_pred = regr.predict(x_train)
print("예측 값:", y_train_pred[0], "계산 값:", x_train[0]*regr.coef_ + regr.intercept_)
```

```
LinearRegression(copy_X=True, fit_intercept=True, n_jobs=None, normalize=False)
학습된 계수: [[0.61189824]] 학습된 절편: [1.6555932]
예측 값: [3.2589052] 계산 값: [[3.2589052]]
```

### 1.2.2 선형 회귀 모델의 평가

성능평가 지표로 평균제곱오차(MSE)와 결정 계수($R^2$)를 사용한다.

$$MSE = \frac{1}{N}\sum_{i=1}^{N}(y_i - y_i^*)^2$$

여기서 $N$은 데이터 수, $y_i$는 실제 값, $y_i^*$는 예측 값

$$R^2 = 1 - \frac{\sum_{i=1}^{N}(y_i - y_i^*)^2}{\sum_{i=1}^{N}(y_i - \bar{y})^2}$$

여기서 $N$은 데이터 수, $y_i$는 실제 값, $y_i^*$는 예측 값, $\bar{y}$는 평균 값

사이킷 런 metrics 패키지의 mean_squared_error, r2_score를 사용한다.

```
from sklearn.metrics import mean_squared_error, r2_score

# 훈련 데이터에 대한 예측(추론)
y_train_pred = regr.predict(x_train)

# 검증 데이터에 대한 예측(추론)
y_validate_pred = regr.predict(x_validate)

# 시험 데이터에 대한 예측(추론)
y_test_pred = regr.predict(x_test)

# 평균제곱오차(MSE)
print('MSE: 훈련 %.2f, 검증 %.2f, 시험 %.2f '  % (mean_squared_error(y_train,
y_train_pred), mean_squared_error(y_validate, y_validate_pred), mean_squared_error(y_test,
y_test_pred)))

# 결정계수(R2)
print('R2 score: 훈련 %.2f, 검증 %.2f, 시험 %.2f ' %(r2_score(y_train, y_train_pred),
r2_score(y_validate, y_validate_pred), r2_score(y_test, y_test_pred)))
```

```
MSE: 훈련 0.53, 검증 0.45, 시험 0.57
R2 score: 훈련 0.72, 검증 0.71, 시험 0.54
```

```
# 훈련용 데이터 표시
# 데이터를 점으로 표시
plt.plot(x_train, y_train, 'y.') # 점으로 표시
plt.plot(x_train, y_train_pred, color = 'black', linewidth = 2) # 선으로 표시

# 시험용 데이터 표시
plt.plot(x_validate, y_validate, 'b.') # 데이터를 점으로 표시

# 시험용 데이터 표시
plt.plot(x_test, y_test, 'r.') # 데이터를 점으로 표시
plt.show()
```

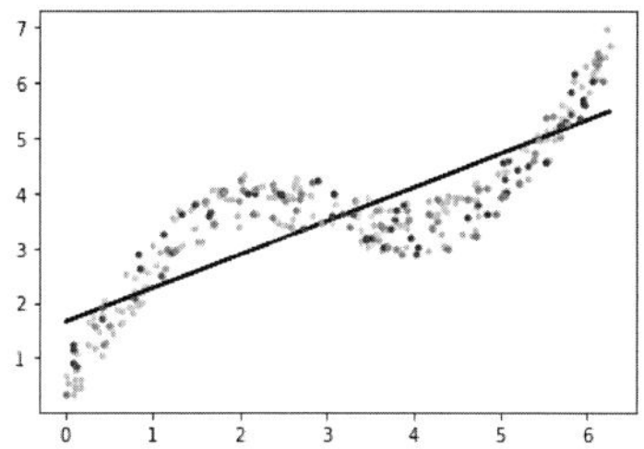

# 1.3 아두이노용 선형 회귀 모델

## 1.3.1 선형 회귀 모델의 변환

### (1) 변환 패키지 설치

변환 패키지 micro-learn을 설치한다(https://pypi.org/project/micro-learn/).

```
pip install micro-learn
```

```
Collecting micro-learn
  Downloading micro_learn-0.0.4-py3-none-any.whl (14 kB)
Installing collected packages: micro-learn
Successfully installed micro-learn-0.0.4
```

### (2) 학습된 모델을 C 코드로 변환

패키지 microlearn.offloader에서 Offload를 불러온다. code = Offload(모델명)을 실행한 후 code.export_to_arduino( ' 파일명 ' )로 모델을 C 코드로 변환해 파일에 저장한다.

```
from microlearn.offloader import Offload
code = Offload(regr) # 학습된 선형 회귀 모델을 전달
code.export_to_arduino('Linear_Regression.ino')
```

〈그림 Ⅱ-3〉에 보인 것처럼 코랩(Colab)에서 실행한 경우 코랩 왼쪽 상단의 디렉토리 아이콘( )을 클릭하면 생성된 파일을 볼 수 있다.

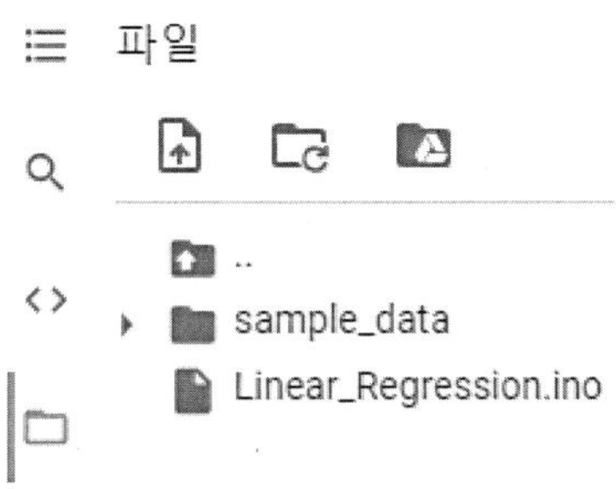


〈그림 Ⅱ-3〉 생성된 파일

## 1.3.2 아누이노에서 선형 회귀 추론

앞에서 만들어진 아두이노 추론 코드 스케치는 〈그림 Ⅱ-4〉와 같다. 배열인 변수 w[]와 c는 학습된 선형 회귀 계수와 절편을 가진다. 실행하려면 입력 변수인 실수형 배열 data에 추론을 위한 값을 저장한다.

예 float data[1] = {1.5};

추론(예측) 값은 변수 prediction에 저장되고 그 값을 직렬 모니터에 전송한다.

Linear_Regression §

```
//This code was autogenerated using micro-learn.
//Use the dummy variable array 'data' to interact with the ML inference.

double w[] = {[0.61189824]};
double c = [1.6555932];

void setup() {
    Serial.begin(9600);

}

void loop() {
    //Data Section: To Be Coded Manually

    float data[1]; //This is your feature vector. Retrive your data into this array.

    //ML Inference Section

    double prediction = 0.0;
    for(int i=0; i<1; i++)
    {
        prediction += data[i]*w[i];
    }
    prediction += c;

    //Do something with the prediction.
    Serial.println(prediction);

    delay(1000);
}
```

학습된 선형 회귀 모델의 매개변수 값

선형 회귀 모델의 추론

〈그림 Ⅱ-4〉 선형 회귀 추론을 위한 아두이노 스케치

# 2 지도학습 : 로지스틱 회귀 (Logistic Regression)

로지스틱 회귀는 선형 회귀 분석과는 다르게 출력(종속) 변수가 범주형 데이터를 대상으로 하며 입력 데이터가 주어졌을 때 해당 데이터의 결과가 특정 분류(클래스)로 나뉘기 때문에 분류 (classification) 기법으로도 본다. 로지스틱 회귀는 종속변수가 이항 분류(binary classification)인 문제에 사용된다. 두 개 이상의 범주를 갖는 경우엔 다항 로지스틱 회귀 (multinomial logistic regression)라 한다. 입력(독립) 변수가 $[-\infty, \infty]$의 어느 숫자이든 상관 없이 출력(종속) 변수 결과 값이 항상 [0,1] 범위에 있도록 하기 위해 로지스틱 함수로 시그모이드 함수 $S(z)$를 사용한다.

$$S(z) = \frac{1}{1+e^{-z}}, \quad z = b_o + b_1x_1 + \cdots + b_nx_n$$

다음 코드는 시그모이드 함수를 그래프로 표시한다.

```
import numpy as np
import matplotlib.pyplot as plt

z = np.linspace(-10, 10, 100)
sig = 1 / (1 + np.exp(-z))

plt.title("Sigmoid Function")
plt.plot(z, sig)
plt.show()
```

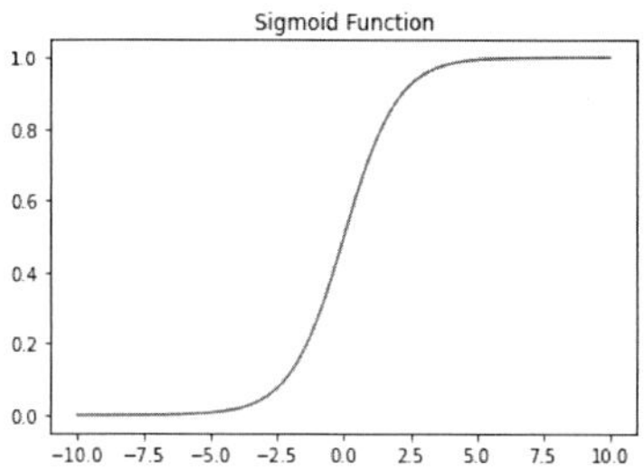


# 2.1 데이터 준비

## 2.1.1 데이터 생성

넘파이를 사용해 $x$ 값으로 0 ~ 100 사이의 임의의 점수를 균일분포로 50개 생성한다. 점수 60 이상이면 합격으로 1, 그렇지 않으면 불합격으로 0인 범주형 데이터($y$)를 생성한다.

```
import numpy as np
import matplotlib.pyplot as plt

# 데이터 샘플 수 지정
SAMPLES = 50

# 시드 값을 지정, 동일한 랜덤 패턴을 구현
SEED = 1
np.random.seed(SEED)

# 0 ~ 100 사이의 점수
x = np.random.uniform(low=0, high=100, size=SAMPLES).astype(np.float32)

y = []
# 점수 x가 60 이상이면 y=1(합격)이고 그렇지않으면 y=0(불합격)
```

```
for i in range(x.size):
  if x[i] >= 60:
    y.append(1)
  else:
    y.append(0)

# 데이터를 그래프로 표현. 인수 'b.'는 파란색 도트로 그리도록 함
plt.plot(x, y, 'b.')
plt.show()
```

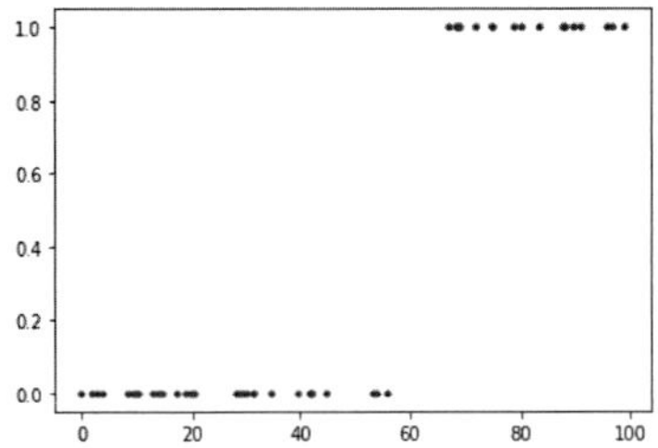


## 2.1.2 데이터 분할

데이터를 훈련(60%), 검증(20%), 시험(20%)용으로 분할한다.

```
# 분할 지점 지정
TRAIN_SPLIT =  int(0.6 * SAMPLES)  # 검증 데이터 시작 위치 지정
TEST_SPLIT = int(0.2 * SAMPLES + TRAIN_SPLIT) # 테스트 데이터 시작 위치 지정

# 데이터 분할을 위해 np.split()을 사용
# np.split()의 둘째 인수는 데이터가 분할될 인덱스를 배열로 표현
# 두개의 인덱스를 기준으로 데이터를 3개로 분할
x_train, x_validate, x_test = np.split(x, [TRAIN_SPLIT, TEST_SPLIT])
y_train, y_validate, y_test = np.split(y, [TRAIN_SPLIT, TEST_SPLIT])

# 분할된 데이터 크기 출력
print(x_train.shape, x_validate.shape, x_test.shape)
print(y_train.shape, y_validate.shape, y_test.shape)
```

```
# 분할된 데이터를 합치면 원래 데이터와 같은지 확인
assert (x_train.size + x_validate.size + x_test.size) ==  SAMPLES

# 1D -> 2D 배열로 변환
x_train = x_train.reshape(-1,1) # 열 1개
y_train = y_train.reshape(-1,1)
x_validate = x_validate.reshape(-1,1)
y_validate = y_validate.reshape(-1,1)
x_test = x_test.reshape(-1,1)
y_test = y_test.reshape(-1,1)
print(x_train.shape, x_validate.shape, x_test.shape)
print(y_train.shape, y_validate.shape, y_test.shape)
```

```
(30,) (10,) (10,)
(30,) (10,) (10,)
(30, 1) (10, 1) (10, 1)
(30, 1) (10, 1) (10, 1)
```

## 2.2 로지스틱 회귀 분류 모델의 구축

### 2.2.1 분류 문제에서 선형 회귀 모델의 한계

사이킷런 linear_model 패키지의 LinearReression()을 사용해 선형 회귀 모델을 구성한다.

```
from sklearn.linear_model import LinearRegression

regr = LinearRegression()
regr.fit(x_train, y_train)

y_train_pred = regr.predict(x_train)
plt.subplot(3, 1, 1)
plt.title("Linear Regression: Train")
```

```
plt.scatter(x_train, y_train, color='gray')
plt.plot(x_train, y_train_pred, 'b-')

y_validate_pred = regr.predict(x_validate)
plt.subplot(3, 1, 2)
plt.title("Linear Regression: Validate")
plt.scatter(x_validate, y_validate, color='green')
plt.plot(x_validate, y_validate_pred, 'b-')

y_test_pred = regr.predict(x_test)
plt.subplot(3, 1, 3)
plt.title("Linear Regression: Test")
plt.scatter(x_validate, y_validate, color='orange')
plt.plot(x_validate, y_validate_pred, 'b-')

plt.tight_layout()
plt.show()
```

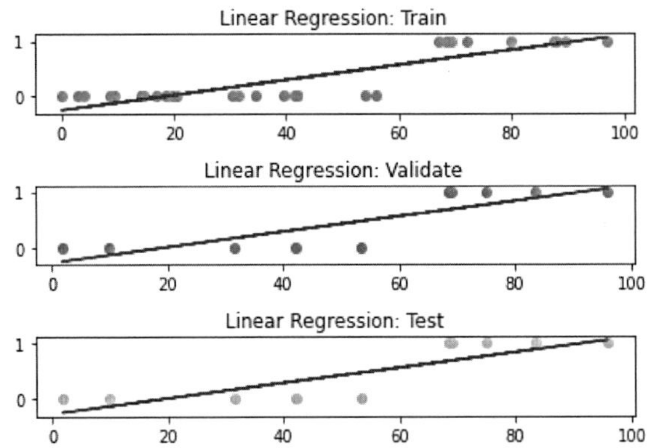


결과를 보면 선형 회귀에 의한 분류 값이 0 보다 작거나 1 보다 커지는 문제가 발생한다.

## 2.2.2 로지스틱 회귀 모델의 학습

사이킷런(sklearn) linear_model 패키지의 LogisticRegression()을 사용한다.

```
from sklearn.linear_model import LogisticRegression

# 선형 회귀 모델 구성
logistic_regr = LogisticRegression()

# 훈련 데이터로 선형 회귀 모델 학습
logistic_regr.fit(x_train, y_train)
```

```
LogisticRegression(C=1.0, class_weight=None, dual=False, fit_intercept=True,
                   intercept_scaling=1, l1_ratio=None, max_iter=100,
                   multi_class='auto', n_jobs=None, penalty='l2',
                   random_state=None, solver='lbfgs', tol=0.0001, verbose=0,
                   warm_start=False)
```

## 2.2.3 로지스틱 회귀 모델의 평가

성능평가 지표로 평균제곱오차(MSE)와 결정 계수($R^2$)를 사용한다.

$$MSE = \frac{1}{N}\sum_{i=1}^{N}(y_i - y_i^*)^2$$

여기서 $N$은 데이터 수, $y_i$는 실제 값, $y_i^*$는 예측 값

$$R^2 = 1 - \frac{\sum_{i=1}^{N}(y_i - y_i^*)^2}{\sum_{i=1}^{N}(y_i - \bar{y})^2}$$

여기서 $N$은 데이터 수, $y_i$는 실제 값, $y_i^*$는 예측 값, $\bar{y}$는 평균 값

사이킷 런 metrics 패키지의 mean_squared_error, r2_score를 사용한다.

```
from sklearn.metrics import mean_squared_error, r2_score

# 훈련 데이터에 대한 추론
y_train_pred = logistic_regr.predict(x_train)

# 검증 데이터에 대한 추론
y_validate_pred = logistic_regr.predict(x_validate)

# 시험 데이터에 대한 추론
y_test_pred = logistic_regr.predict(x_test)

plt.scatter(x_train, y_train_pred, color='gray')
plt.scatter(x_validate, y_validate_pred, color='magenta')
plt.scatter(x_test, y_test, color='blue')
plt.show()

# 평균제곱오차(MSE)
print('MSE: 훈련 %.2f, 검증 %.2f, 시험 %.2f '  % (mean_squared_error(y_train, y_train_pred), mean_squared_error(y_validate, y_validate_pred), mean_squared_error(y_test, y_test_pred)))

#  결정계수(R2)
print('R2 score: 훈련 %.2f, 검증 %.2f, 시험 %.2f ' %(r2_score(y_train, y_train_pred), r2_score(y_validate, y_validate_pred), r2_score(y_test, y_test_pred)))
```

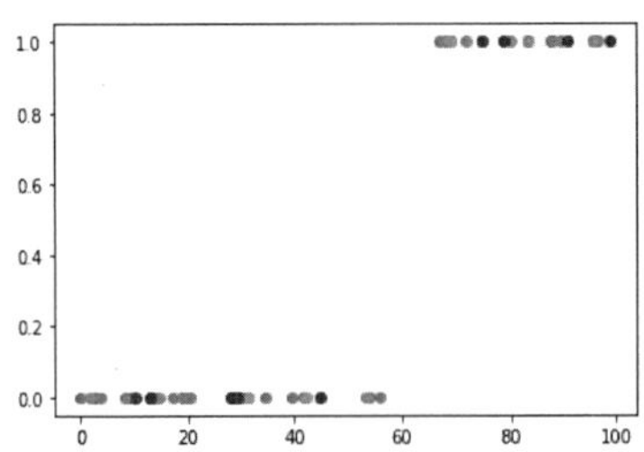


```
MSE: 훈련 0.00, 검증 0.00, 시험 0.00
R2 score: 훈련 1.00, 검증 1.00, 시험 1.00
```

# 2.3 아두이노용 로지스틱 회귀 모델

## 2.3.1 로지스틱 회귀 모델의 변환

### (1) 변환 패키지 설치

변환 패키지 micro-learn을 설치한다(https://pypi.org/project/micro-learn/). 이 패키지는 이항 분류를 지원한다.

```
pip install micro-learn
```

```
Collecting micro-learn
  Downloading micro_learn-0.0.4-py3-none-any.whl (14 kB)
Installing collected packages: micro-learn
Successfully installed micro-learn-0.0.4
```

### (2) 학습된 모델을 C 코드로 변환

패키지 microlearn.offloader에서 Offload를 불러온다. code = Offload(모델명)을 실행한 후 code.export_to_arduino( '파일명' )로 모델을 C 코드로 변환해 파일에 저장한다.

```
from microlearn.offloader import Offload
code = Offload(logistic_regr) # 학습된 로지스틱 회귀 모델을 전달
code.export_to_arduino('Logistic_Regression.ino')
```

〈그림 Ⅱ-5〉에 보인 것처럼 코랩(Colab)에서 실행한 경우 코랩 왼쪽 상단의 디렉토리 아이콘(🗀)을 클릭하면 생성된 파일을 볼 수 있다.

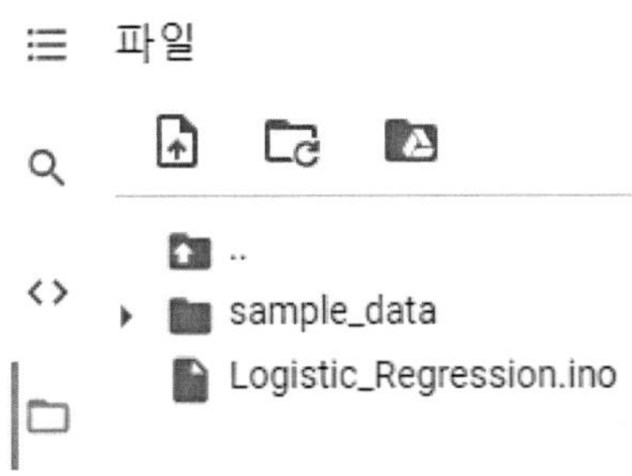


〈그림 Ⅱ-5〉 생성된 파일

## 2.3.2 아두이노에서 로지스틱 회귀 추론

앞에서 생성된 아두이노 로지스틱 회귀의 추론 스케치는 〈그림 Ⅱ-6〉과 같다. 변수 w[]와 b는 학습된 로지스틱 회귀의 계수와 절편을 갖는다. 입력 변수 data[]에 추론을 위한 값을 준다.

예 float data[1] = {65};

추론(예측) 값은 변수 prediction에 저장되고 그 값을 직렬 모니터에 출력한다.

Logistic_Regression §

```
//This code was autogenerated using micro-learn.
//Use the dummy variable array 'data' to interact with the ML inference.

#include <math.h>

double w[] = {0.6080950747337285};
double b = -37.22599066826047;

double sigmoid(double x){
    return (1 / (1 + exp((-1) * x)));
}

void setup() {
    Serial.begin(9600);
}

void loop() {
    //Data Section: To Be Coded Manually
    float data[1]; //This is your feature vector. Retrive your data into this array.

    //ML Inference Section
    double temp = 0.0;
    for(int i=0; i<1; i++){
        temp += data[i]*w[i];
    }

    if(round(sigmoid(temp + b)) == 1) {
        //Do something for class label 1.
        Serial.println("1");
    }
    else {
        //Do something for class label 0.
        Serial.println("0");
    }
    delay(1000);
}
```

- 학습된 매개변수
- 입력 데이터 지정
- 로지스틱 회귀 추론
- 추론 결과를 직렬모니터에 전송

〈그림 Ⅱ-6〉 로지스틱 회귀 추론을 위한 아두이노 스케치

## [연습] 데이터 생성

```
x = [] # 리스트
y = []
SAMPLES = 0

for i in range(100):
  for j in range(100):
    x.append([i, j])
    SAMPLES += 1

x = np.array(x) # 배열로 변환
np.random.shuffle(x) # x의 데이터 순서를 임의로 변경

for i in range(SAMPLES):
  if x[i, 0] * 2 + x[i, 1] > 150:
    y.append(1)
  else:
    y.append(0)

y = np.array(y) # 1D 배열로
#y = y.reshape(-1,1) # 2D 배열로 변경

# 분할 지점 지정
TRAIN_SPLIT =  int(0.6 * SAMPLES)  # 검증 데이터 시작 위치 지정
TEST_SPLIT = int(0.2 * SAMPLES + TRAIN_SPLIT) # 테스트 데이터 시작 위치 지정

# 데이터 분할을 위해 np.split()을 사용
# np.split()의 둘째 인수는 데이터가 분할될 인덱스를 배열로 표현
# 두개의 인덱스를 기준으로 데이터를 3개로 분할
x_train, x_validate, x_test = np.split(x, [TRAIN_SPLIT, TEST_SPLIT])
y_train, y_validate, y_test = np.split(y, [TRAIN_SPLIT, TEST_SPLIT])
```

```
# 분할된 데이터 크기 출력
print(x_train.shape, x_validate.shape, x_test.shape)
print(y_train.shape, y_validate.shape, y_test.shape)
```

```
(6000, 2) (2000, 2) (2000, 2)
(6000,) (2000,) (2000,)
```

• 로지스틱 회귀 모델을 정의

```
from sklearn.linear_model import LogisticRegression

logistic_regr = LogisticRegression().fit(x_train, y_train)

# 훈련 데이터에 대한 추론
y_train_pred = logistic_regr.predict(x_train)

# 검증 데이터에 대한 추론
y_validate_pred = logistic_regr.predict(x_validate)

# 시험 데이터에 대한 추론
y_test_pred = logistic_regr.predict(x_test)

# 평균제곱오차(MSE) 계산
print('MSE: 훈련 %.2f, 검증 %.2f, 시험 %.2f '  % (mean_squared_error(y_train,
y_train_pred), mean_squared_error(y_validate, y_validate_pred), mean_squared_error(y_test,
y_test_pred)))

#  결정계수 계산(R2)
print('R2 score: 훈련 %.2f, 검증 %.2f, 시험 %.2f ' %(r2_score(y_train, y_train_pred),
r2_score(y_validate, y_validate_pred), r2_score(y_test, y_test_pred)))
```

```
MSE: 훈련 0.00, 검증 0.00, 시험 0.00
R2 score: 훈련 1.00, 검증 1.00, 시험 1.00
```

- 훈련, 검증 및 시험에 사용된 각각 100개의 데이터를 그래프로 표시한다.
- 학습된 회귀 분류 식에서 $y$ = 0이고 $x_2$가 각각 0과 100일 때의 $x_1$을 구한다.

$y$ = logistic_regr.coef_[0][0]* $x_1$ + logistic_regr.coef_[0][1]* $x_2$ + logistic_regr.intercept_

두 점 ($x_1$, 0), ($x_1$, 100)를 직선으로 연결한다.

아래 코드에서 $x_1$은 x.train[i][0]를, $x_2$는 x.train[i][1]이다.

```
for i in range(100):
  if y_train_pred[i] == 1:
    plt.scatter(x_train[i:i+1, 0], x_train[i:i+1, 1], c='red') # (x1, x2) 좌표에 붉은색 점 표시
  else:
    plt.scatter(x_train[i:i+1, 0], x_train[i:i+1, 1], c='blue') # (x1, x2) 좌표에 파란색 점 표시

# y = logistic_regr.coef_[0][0]*x1 + logistic_regr.coef_[0][1]*x2 + logistic_regr.intercept_ 에서
# y = 0 이고 x2가 각각 0, 100 일 때의 x1 계산
x1, x2 = [-logistic_regr.intercept_/logistic_regr.coef_[0][0], (-logistic_regr.intercept_-logistic_regr.coef_[0][1]*100)/logistic_regr.coef_[0][0]],  [0, 100] # [x1, 0], [x1, 100]
plt.plot(x1, x2, color='black')
plt.title("Logistic Regression: Train")
plt.show()

y_validate_pred = logistic_regr.predict(x_validate)
for i in range(100):
  if y_validate_pred[i] == 1:
    plt.scatter(x_validate[i:i+1, 0], x_validate[i:i+1, 1], c='magenta')
  else:
    plt.scatter(x_validate[i:i+1, 0], x_validate[i:i+1, 1], c='green')

plt.plot(x1, x2, color='black')
plt.title("Logistic Regression: Validate")
plt.show()
```

```
y_test_pred = logistic_regr.predict(x_test)
for i in range(100):
  if y_test_pred[i] == 1:
    plt.scatter(x_test[i:i+1, 0], x_test[i:i+1, 1], c='orange')
  else:
    plt.scatter(x_test[i:i+1, 0], x_test[i:i+1, 1], c='cyan')

plt.plot(x1, x2, color='black')
plt.title("Logistic Regression: Test")
plt.show()
```

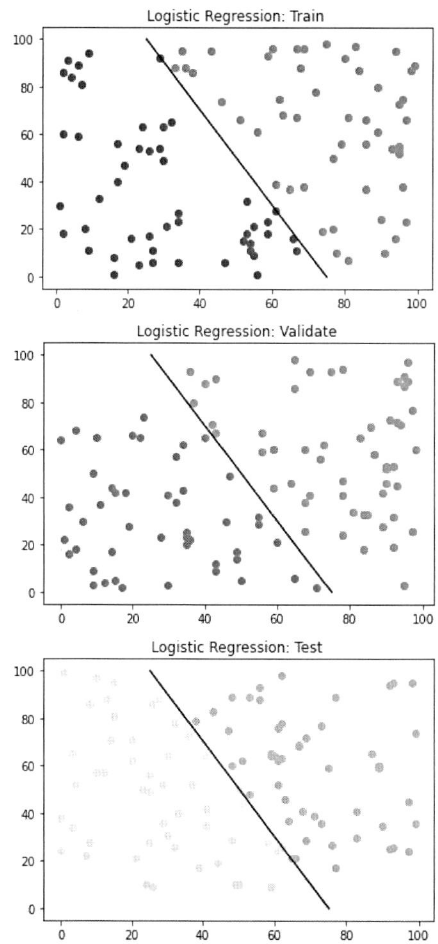

• 아두이노를 위한 로지스틱 회귀 모델

```
pip install micro-learn
```

```
Requirement already satisfied: micro-learn in /usr/local/lib/python3.7/dist-packages (0.0.4)
```

```
from microlearn.offloader import Offload
code = Offload(logistic_regr) # 학습된 로지스틱 회귀 모델을 전달
code.export_to_arduino('Logistic_Regression_EX.ino')
```

• 생성된 아두이노 스케치(〈그림 Ⅱ-7〉)에서 입력(특징) 데이터를 지정하려면 다음과 같이 값을 준다.

예 float data[2] = { 40, 60 }; 또는 float data[] = { 40, 60 };

float data[2]은 float data[] = { 0, 0 }과 같다.

Logistic_Regression_EX §

```
//This code was autogenerated using micro-learn.
//Use the dummy variable array 'data' to interact with the ML inference.

#include <math.h>

double w[] = {4.58438430390835, 2.292953625650239};
double b = -344.986006911861;

double sigmoid(double x){
    return (1 / (1 + exp((-1) * x)));
}

void setup() {
    Serial.begin(9600);
}

void loop() {
    //Data Section: To Be Coded Manually
    float data[2]; // float data[] = { 40, 60 };

    //ML Inference Section

    double temp = 0.0;
    for(int i=0; i<2; i++){
        temp += data[i]*w[i];
    }

    if(round(sigmoid(temp + b)) == 1){
        //Do something for class label 1.
        Serial.println("1");
    }
    else{
        //Do something for class label 0.
        Serial.println("0");
    }
    delay(1000);
}
```

〈그림 Ⅱ-7〉 로지스틱 회귀 아두이노 스케치

# 3 지도학습 : 다항 로지스틱 회귀 (Multi Logistic Regression)

다항 로지스틱 회귀는 시그모이드 함수의 개념을 진화시킨 소프트맥스(softmax) 함수를 사용한다. 소프트맥스 함수는 종속 변수가 다항의 범주(클래스) 데이터를 갖는 분류 모델을 만들 때 사용한다. 소프트맥스 함수는 모든 입력을 0 ~ 1 사이 값으로 정규하며, 모든 입력에 대한 출력을 합하면 1이 되도록 한다.
$m$개의 입력에 대한 소프트맥스 함수의 $k$번째 출력은 다음 식으로 표현된다.

$$y_k = \frac{e^{z_k}}{\sum_{k=1}^{m} e^{z_k}}$$

입력(독립) 변수가 $x_1$, $\cdots$ $x_n$이고 출력(종속) 변수 $y$의 범주가 $m$개이면 다항 로지스틱 회귀에 의한 분류는 다음 식으로 표시되고 이를 도식화하면 〈그림 Ⅱ-8〉과 같다.

$$z_k = \left(\sum_{i=1}^{n} x_i \times w_{ik}\right) + b_k$$

$$y_k = \frac{e^{z_k}}{\sum_{k=1}^{m} e^{z_k}}$$

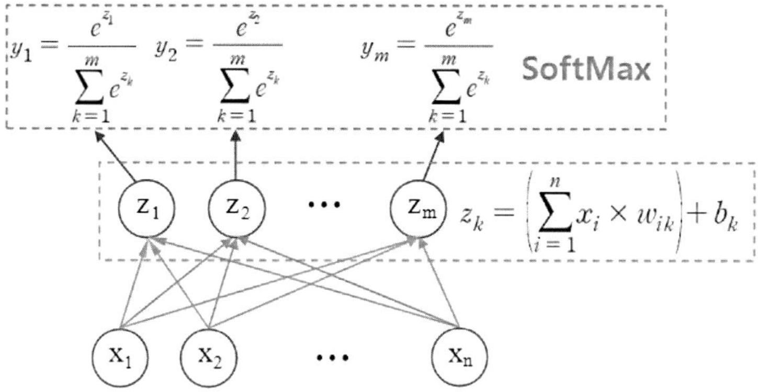


〈그림 Ⅱ-8〉 다항 로지스틱 회귀

다음 코드는 범주가 3개인 배열 데이터 z를 만들고 z의 소프트맥스 값을 구해 (z, softmax(z))를 바 차트로 표시한다.

```
import numpy as np
import matplotlib.pyplot as plt

z = np.array([1, 3, 5]) # 범주가 3개인 경우

def softmax(x):
    exp_x = np.exp(x)
    sum = np.sum(exp_x)
    y = exp_x / sum;
    print("maxsoft outputs:", y)
    print("sum of maxsoft outputs:", np.sum(y))
    return y

plt.title("Softmax Function")
plt.bar(z, softmax(z))
plt.show()
```

```
maxsoft outputs: [0.01587624 0.11731043 0.86681333]
sum of maxsoft outputs: 1.0
```

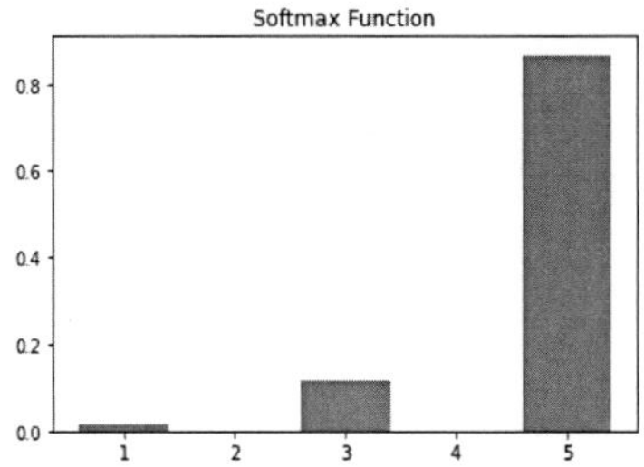


# 3.1 데이터 준비

## 3.1.1 데이터 생성

넘파이를 사용해 독립(입력) 변수 2개와 종속(출력) 변수 1개로 이루어지고 종속 변수는 3개의 범주 (0, 1, 2) 중 하나의 값을 갖는 데이터를 다음과 같이 2500개 생성한다.

```
import numpy as np
import matplotlib.pyplot as plt

x = [] # 리스트
y = []
SAMPLES = 0

for i in range(50):
  for j in range(50):
    x.append([i, j])
    SAMPLES += 1

x = np.array(x) # 배열로 변환
print(x.shape)
np.random.shuffle(x) # 순서를 무작위로 변경
```

```
# y가 3개의 범주(0, 1, 2)를 갖도록 데이터 생성
for i in range(SAMPLES):
  if x[i, 0] * 2 + x[i, 1] < 50:
    y.append(0)
  elif x[i, 0] * 2 + x[i, 1] < 90:
    y.append(1)
  else:
    y.append(2)

y = np.array(y) # 1D 배열로
print(y.shape)
y = y.reshape(-1,1) # 2D 배열로 변경
print(y.shape)

for i in range(SAMPLES):
  if y[i, 0] == 0:
    plt.scatter(x[i,0], x[i,1], marker='.', c = 'm')
  elif y[i, 0] == 1:
    plt.scatter(x[i,0], x[i,1], marker='^', c = 'c')
  else:
    plt.scatter(x[i,0], x[i,1], marker='x', c = 'y')
plt.show()
```

```
(2500, 2)
(2500,)
(2500, 1)
```

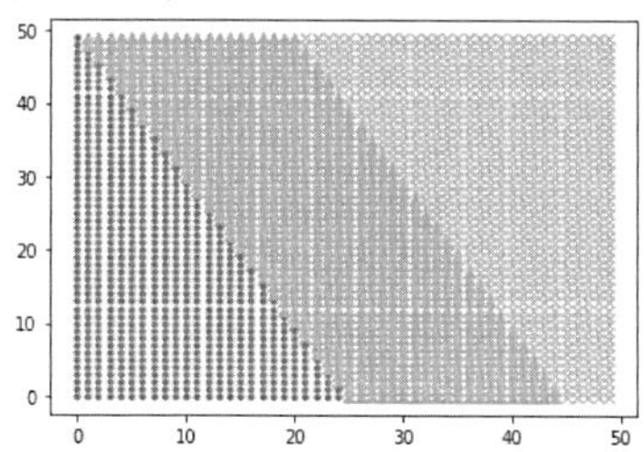

### 3.1.2 데이터 분할

데이터를 훈련(60%), 검증(20%), 시험(20%)용으로 분할한다.

```
# 분할 지점 지정
TRAIN_SPLIT =  int(0.6 * SAMPLES)  # 검증 데이터 시작 위치 지정
TEST_SPLIT = int(0.2 * SAMPLES + TRAIN_SPLIT) # 테스트 데이터 시작 위치 지정

# 데이터 분할을 위해 np.split()을 사용
# np.split()의 둘째 인수는 데이터가 분할될 인덱스를 배열로 표현
# 두개의 인덱스를 기준으로 데이터를 3개로 분할
x_train, x_validate, x_test = np.split(x, [TRAIN_SPLIT, TEST_SPLIT])
y_train, y_validate, y_test = np.split(y, [TRAIN_SPLIT, TEST_SPLIT])

# 분할된 데이터 크기 출력
print(x_train.shape, x_validate.shape, x_test.shape)
print(y_train.shape, y_validate.shape, y_test.shape)
```

```
(1500, 2) (500, 2) (500, 2)
(1500, 1) (500, 1) (500, 1)
```

## 3.2 로지스틱 회귀 다항 분류 모델의 구축

### 3.2.1 다항 로지스틱 회귀 모델의 학습

사이킷런(sklearn) linear_model 패키지의 LogisticRegression()을 사용한다. 이 때 매개변수로 multi_class= 'multinomial' 지정한다.

```
from sklearn.linear_model import LogisticRegression

# 선형 회귀 모델 구성
m_log_regr = LogisticRegression(multi_class='multinomial') # 다항(소프트맥스) 회귀 지정
print(m_log_regr)

m_log_regr.fit(x_train, y_train)

y_train_pred = m_log_regr.predict(x_train)
y_validate_pred = m_log_regr.predict(x_validate)
y_test_pred = m_log_regr.predict(x_test)
```

```
LogisticRegression(C=1.0, class_weight=None, dual=False, fit_intercept=True,
                   intercept_scaling=1, l1_ratio=None, max_iter=100,
                   multi_class='auto', n_jobs=None, penalty='l2',
                   random_state=None, solver='lbfgs', tol=0.0001, verbose=0,
                   warm_start=False)
```

## 3.2.2 다항 로지스틱 회귀 모델의 평가

### (1) 이항 분류 모델의 평가

이항 분류기의 성능은 모델의 예측 결과와 실제 정답(True와 False) 사이의 관계로 정의되며, 이를 〈그림 Ⅱ-9〉와 같이 2×2 매트릭스로 구분하여 볼 수 있다.

| | | 실제 Positive | 실제 Negative |
|---|---|---|---|
| 분류 결과 | Positive | True Positive | False Positive |
| | Negative | False Negative | True Negative |

- True Positive(TP): 실제 Positive인 것을 Positive로 예측(정답)
- False Positive(FP): 실제 Negative인 것을 Positive로 예측(오답)
- False Negative(FN): 실제 Positive인 것을 Negative로 예측(오답)
- True Negative(TN): 실제 Negative인 것을 Negative로 예측(정답)

〈그림 Ⅱ-9〉 실제 답과 예측(분류) 결과 사이의 관계

이항 분류기의 성능을 평가하는 지표로 Accuracy(정확도), Precision(정밀도)와 Recall(재현율)을 사용한다.

- Accuracy(정확도) : True를 True라고 예측한 경우와 False를 False라고 예측한 비율

$$Accuracy = \frac{TP + TN}{TP + TN + FP + FN}$$

예 양성과 음성 모두를 올바르게 예측한 비율

- Precision(정밀도) : 모델이 True라고 분류한 것 중에서 실제 True인 것의 비율.

$$\mathrm{P}recision = \frac{TP}{TP + FP}$$

예 양성으로 예측했는데 실제 양성인지를 보는 지표

- Recall(재현율) : 실제 True인 것 중에서 모델이 True라고 예측한 것의 비율

$$Recall = \frac{TP}{TP + FN}$$

예 양성 중에서 모델이 양성으로 예측한 비율

- F1-score(재현율) : 정밀도와 재현율의 조화 평균

$$F1 - score = \frac{2 \times \mathrm{P}recision \times Recall}{\mathrm{P}recision + Recall} = \frac{2TP}{2TP + FP + FN}$$

## (2) 다항 분류 모델의 평가

다항 분류인 경우 다음과 같은 지표를 사용한다.

- Micro F1: 개별 클래스의 TP, FP, FN을 합해서 F1-score를 계산
- Macro F1: 개별 클래스의 F1-score를 계산하고 이를 평균
- 가중 평균 F1: 개별 클래스의 F1-score에 개별 클래스의 샘플 비율을 가중치로 곱함

예 사과, 오렌지, 망고의 다항 분류

〈그림 Ⅱ-10〉과 같이 다항 분류가 되었을 때 각각의 분류에 대한 TP, TN, FP, FN을 구한 후 정밀도를 계산한다.

| | | 실제 (T/F) | | |
|---|---|---|---|---|
| | | 사과 | 오렌지 | 망고 |
| 분류 결과 (P/N) | 사과 | 7 | 8 | 9 |
| | 오렌지 | 1 | 2 | 3 |
| | 망고 | 3 | 2 | 1 |

〈그림 Ⅱ-10〉 다항 분류 예

○ 사과의 경우
- TP = 7 (사과를 사과 클래스로 분류)
- TN = (1+3) = 4 (사과를 사과가 아닌 클래스로 분류)
- FP = (8+9) = 17 (사과가 아닌 것을 사과 클래스로 분류)
- FN = (2+3+2+1) = 8 (사과가 아닌 것을 사과가 아닌 클래스로 분류)
- Precision = TP/(TP+FP) = 7/(7+17) = 0.29

○ 오렌지의 경우
- TP = 2 (오렌지를 오렌지 클래스로 분류)
- TN = (8+2) = 10 (오렌지를 오렌지가 아닌 클래스로 분류)
- FP = (1+3) = 4 (오렌지가 아닌 것을 오렌지 클래스로 분류)
- FN = (7+9+3+1) = 20 (오렌지가 아닌 것을 오렌지가 아닌 클래스로 분류)
- Precision = TP/(TP+FP) = 2/(2+4) = 0.33

○ 망고의 경우
- TP = 1 (망고를 망고 클래스로 분류)
- TN = (9+3) = 12 (망고를 망고가 아닌 클래스로 분류)
- FP = (3+2) = 5 (망고가 아닌 것을 망고 클래스로 분류)
- FN = (7+8+1+2) = 18 (망고가 아닌 것을 망고가 아닌 클래스로 분류)
- Precision = TP/(TP+FP) = 1/(1+5) = 0.166

사이킷런 metrics 패키지의 accuracy_score, precision_score, recall_score 및 f1_score를 사용해서 성능 지표를 계산할 수 있다.

```
from sklearn.metrics import accuracy_score, precision_score, recall_score, f1_score
print('₩naccuracy: {:.2f}₩n'.format(accuracy_score(y_test, y_test_pred)))

print('Micro precision: {:.2f}'.format(precision_score(y_test, y_test_pred, average='micro')))
print('Micro recall: {:.2f}'.format(recall_score(y_test, y_test_pred, average='micro')))
print('Micro F1-score: {:.2f}₩n'.format(f1_score(y_test, y_test_pred, average='micro')))

print('Macro precision: {:.2f}'.format(precision_score(y_test, y_test_pred, average='macro')))
print('Macro recall: {:.2f}'.format(recall_score(y_test, y_test_pred, average='macro')))
print('Macro F1-score: {:.2f}₩n'.format(f1_score(y_test, y_test_pred, average='macro')))

print('가중 precision: {:.2f}'.format(precision_score(y_test, y_test_pred, average='weighted')))
print('가중 recall: {:.2f}'.format(recall_score(y_test, y_test_pred, average='weighted')))
print('가중 F1-score: {:.2f}'.format(f1_score(y_test, y_test_pred, average='weighted')))
```

```
accuracy: 1.00

Micro precision: 1.00
Micro recall: 1.00
Micro F1-score: 1.00

Macro precision: 1.00
Macro recall: 1.00
Macro F1-score: 1.00

가중 precision: 1.00
가중 recall: 1.00
가중 F1-score: 1.00
```

사이킷런 metrics 패키지의 classification_report를 사용해 학습된 분류 모델의 성능을 평가할 수 있다.

```
from sklearn.metrics import classification_report
print('₩n----------------- 분류 보고서 ----------------------')
print(classification_report(y_test, y_test_pred, target_names=['클래스 0', '클래스 1', '클래스 2']))
print('--------------------------------------------------')
```

```
----------------- 분류 보고서 ----------------------
              precision    recall  f1-score   support

        클래스 0       1.00      1.00      1.00       141
        클래스 1       1.00      1.00      1.00       181
        클래스 2       1.00      1.00      1.00       178

    accuracy                           1.00       500
   macro avg       1.00      1.00      1.00       500
weighted avg       1.00      1.00      1.00       500
```

시험 데이터 50개에 대한 결과를 2차원 그래프로 표시한다.

```
for i in range(50): # 테스트 데이터 50개 표시
  if y_test[i] == 0:
    plt.scatter(x_test[i:i+1, 0], x_test[i:i+1, 1], c='red')
  elif y_test[i] == 1:
    plt.scatter(x_test[i:i+1, 0], x_test[i:i+1, 1], c='green')
  else:
    plt.scatter(x_test[i:i+1, 0], x_test[i:i+1, 1], c='blue')

plt.title("Real test data")
plt.show()

for i in range(50): # 테스트 데이터 50개의 추론 결과 표시
  if y_test_pred[i] == 0:
    plt.scatter(x_test[i:i+1, 0], x_test[i:i+1, 1], c='red')
  elif y_test_pred[i] == 1:
```

```
        plt.scatter(x_test[i:i+1, 0], x_test[i:i+1, 1], c='green')
    else:
        plt.scatter(x_test[i:i+1, 0], x_test[i:i+1, 1], c='blue')

plt.title("Logistic regression outputs")
plt.show()
```

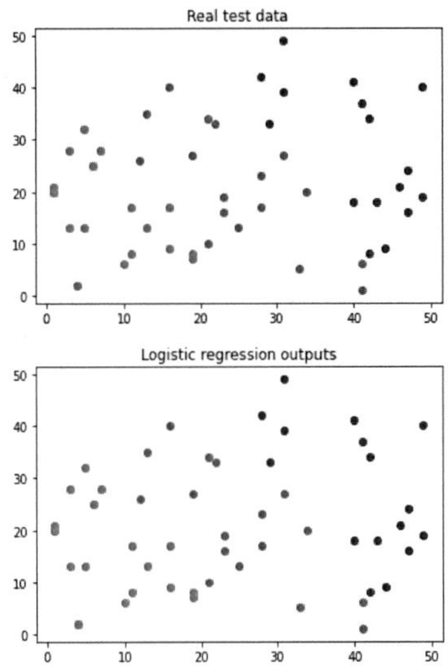


로지스틱 회귀의 다항 분류를 아두이노에서 실행하려면 학습된 사이킷런(sklearn)의 LogisticRegression() 모델을 변환해야 하는데, 변환 패키지 micro-learn의 현재 버전은 이를 지원하지 않는다. 실전에서 로지스틱 다항 분류를 사용하는 일은 없기 때문에 다항 분류에 대해 이해만하고 넘어간다.

# 4 지도학습 : 다층 신경회로망(MLP: Multi-Layer Perceptron)의 회귀

머신러닝 알고리즘은 일반적으로 학습(훈련) 단계에서 큰 컴퓨팅 및 메모리 리소스를 필요로 하며, 이는 일반적으로 마이크로 컨트롤러가 제공할 수 있는 것보다 훨씬 크다. 그러나 학습이 완결된 머신러닝 알고리즘의 대부분은 간단한 산술 및 논리 연산으로 추론이 가능하며, 이는 마이크로 컨트롤러에서 실시간으로 쉽게 실행될 수 있다.

다층 퍼셉트론(multi-layer perceptron)은 〈그림 Ⅱ-11〉에 보인 것처럼 정보가 입력 층에서 출력 층으로 한 방향으로 흐르는 신경회로망(neural network)이다. 신경회로망을 구성하는 뉴런(neuron) 노드(node)는 복수의 입력을 받아 하나의 출력을 계산한다. 다층 퍼셉트론은 입력 층(input layer), 은닉 층(hidden layer) 및 출력 층(output layer)으로 구성되며 은닉 층은 1개 이상의 층으로 구성된다(〈그림 Ⅱ-11〉에선 은닉 층은 2개 층으로 구성). 각 층은 다수의 뉴런 노드로 구성된다.

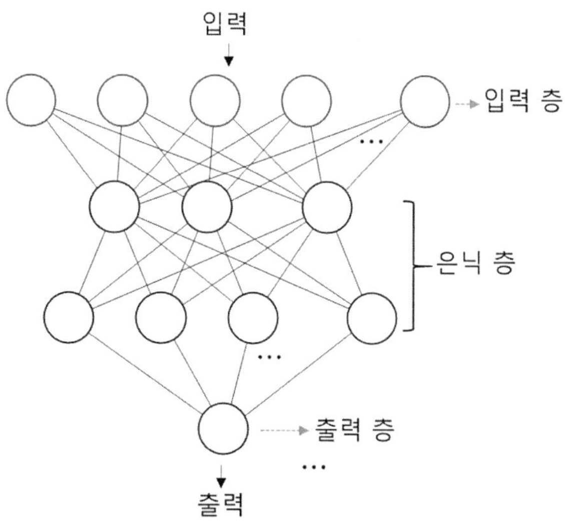


〈그림 Ⅱ-11〉 다층 퍼셉트론

뉴런 노드는 다수의 입력에 각기 다른 가중치(weights)를 곱하고 여기에 바이어스(bias)가 더해진 후 활성화 함수(activation function)를 거쳐 출력을 내보낸다. 단, 입력 층의 노드는 자신의 정보를 그대로 출력한다. 은닉 층에 있는 뉴런의 활성화 함수로는 로지스틱 시그모이드 함수(로지스틱 함수로 부르기도 함)가 주로 사용된다.

로지스틱 시그모이드 함수: $f(u) = \frac{1}{1+e^{-u}}$

최근에는 활성화 함수로 램프 함수(rectifier라고도 함)를 사용하기도 한다.

램프 함수: $f(u) = \max(o, u)$

〈그림 Ⅱ-12〉의 3층 퍼셉트론에서 뉴런의 입출력을 보자.

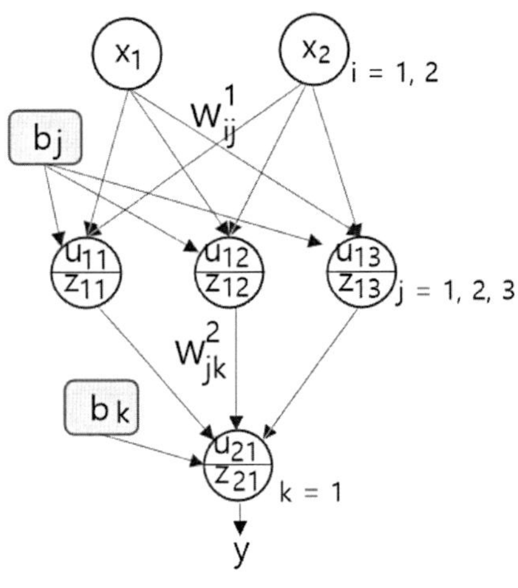


〈그림 Ⅱ-12〉 뉴런의 입출력

입력 층의 노드는 $x_1$과 $x_2$ 값을 내보내고 여기에 가중치($w_{ij}^1$)가 곱해진 후 바이어스($b_j$)가 더해진다. 이를 식으로 표현하면 다음과 같다.

$$u_{11} = x_1 \times w_{11}^1 + x_2 \times w_{21}^1 + b_1$$

$$u_{12} = x_1 \times w_{12}^1 + x_2 \times w_{22}^1 + b_2$$

$$u_{13} = x_1 \times w_{13}^1 + x_2 \times w_{23}^1 + b_3$$

이러게 더해진 값을 활성화 함수 $z_{ij}=f(u_{ij})$를 거쳐 은닉 층 노드의 출력이 된다. 이를 정리하면 다음과 같다.

$$z_{1j}=f(\sum_{i=1}^{2}w_{ij}\times x_i+b_j)$$

마찬가지로 출력 층 노드의 출력은 다음과 같다.

$$y=z_{2k}=f(\sum_{j=1}^{3}w_{jk}\times z_{1j}+b_k)$$

신경회로망은 가중치와 바이어스 값이 변하면 출력도 변경된다. 원하는 출력을 얻고자 하면 그에 맞는 가중치와 바이어스를 가져야 한다. 훈련 데이터의 출력과 신경회로망의 출력 사이의 차이를 오차 함수(error function) 또는 손실 함수(loss function)라 한다. 신경회로망은 주로 회귀나 클래스 분류 문제를 다루며 그에 따라 오차 함수는 달라진다. 문제에 따른 활성화 함수와 오차 함수를 정리하면 〈표 Ⅱ-1〉과 같다. 회귀 신경회로망은 출력이 연속적인 값을 갖는 훈련 데이터를 잘 재현하도록 출력 층의 활성화 함수를 갖는다. 이항 분류 신경회로망은 출력이 0.5를 넘으면 1을, 그렇지 않으면 0으로 판단되도록 로지스틱 함수를 출력층 활성화 함수로 사용한다. 다항 분류 문제는 출력을 다수의 클래스(범주)로 분류하는 것으로 출력 층 활성화 함수로 소프트맥스 함수를 사용한다. 소프트맥스 함수의 출력을 합하면 1이 된다.

〈표 Ⅱ-1〉 문제 유형에 따른 활성화 함수와 오차 함수

| 문제 유형 | | 활성화 함수(출력 층) | 오차(손실) 함수 |
|---|---|---|---|
| 회귀 | | 항등 사상<br>$f(u)=u$ | 제곱 오차<br>$E(W)=\frac{1}{2}\sum_{n=1}^{N}\Vert O_n-Y(X_n,W)\Vert^2$ |
| 분류 | 이항 | 로지스틱<br>$f(u)=\frac{1}{1+e^{-u}}$ | $E(W)=-\sum_{n=1}^{N}[O_n\log(Y(X_n,W))+(1-O_n)\log(1-Y(X_n,W))]$ |
| | 다항 | 소프트맥스<br>$f(u)=\frac{\exp(u_k)}{\sum_{j=1}^{K}\exp(u_j)}$ | 교차 엔트로피<br>$E(W)=-\sum_{n=1}^{N}\sum_{k=1}^{K}O_{nk}\log(Y_k(X_n,W))$ |

신경회로망의 학습은 오차 함수가 최소화 되도록 가중치와 바이어스를 변경하는 과정이다. 가장 간단한 방법으로 경사 하강법(gradient descent method)이 있다. 경사 하강법의 기울기(gradient)는 다음과 같이 계산된다.

$$\nabla E \equiv \frac{\partial E}{\partial W} = \left[ \frac{\partial E}{\partial w_1} \cdots \frac{\partial E}{\partial w_M} \right]$$

현재의 가중치($W^{(t)}$)에 음인 기울기 방향($-\nabla E$)을 더해 새로운 가중치($W^{(t+1)}$)를 계산한다. 즉, 현재 가중치를 음인 기울기 방향으로 이동시켜 새로운 가중치로 갱신하며 이 과정은 학습 동안 반복된다.

$$W^{(t+1)} = W^{(t)} - \alpha \cdot \nabla E$$

여기서 $\alpha$는 학습률(learning rate)로 갱신의 크기를 조정한다. 학습률이 작다면 학습이 진행됨에 따라($t$의 증가: 학습 횟수의 증가) 오차($E$)는 줄어 극소점에 도달하게 든다. 학습률이 너무 작으면 갱신될 가중치의 양이 작아져서 학습 횟수(학습 시간)가 증가하고, 반대로 학습률이 너무 크면 오차의 극소점에 도달하지 못한다. 학습률은 보통 0.01 ~ 0.001 범위의 값에서 시작해서 시행착오를 통해 조정한다.

경사하강법을 실행하려면 오차 함수의 기울기(미분)을 계산해야 되는데 입력 층으로 갈수록 미분의 연쇄법칙을 여러번 적용해야 된다. 이는 프로그래밍을 어렵게 하고 계산 비용도 크게 증가시킨다. 이를 해결한 것이 역전파(backpropagation)로 미분 대신 차분 근사법을 사용한다. 신경회로망의 출력 값을 계산하는 것을 순전파(입력 층부터 출력 층 방향으로 계산)라고 한다. 학습은 출력 층의 오차 기울기를 출력 층에서 입력 층의 방향으로 전파하면서 가중치와 바이어스가 갱신되기에 역전파라고 부른다. 은닉 층의 개수가 커질수록 기울기가 거의 0이 되는 기울기 소실 문제가 발생해 역전파가 제대로 이루어지지 않게 된다. 기울기 소실 문제는 다층 신경회로망의 학습을 방해하는 큰 장애물이었다. 2006년 제프리 헌튼의 심층 신경회로망 학습(딥러닝) 알고리즘이 새로운 돌파구가 되었다. 컴퓨터 하드웨어 발전과 함께 학습 방법의 개선으로 다양한 심층 신경회로망 모델이 만들어지고 있다. 신경회로망 모델의 학습은 최적화와 일반화 사이에서 균형을 맞추는 것이다. 최적화는 훈련 데이터로 최고의 성능을 얻기 위한 학습인 반면에 일반화는 학습된 모델이 훈련에 사용되지 않은 데이터에 대해서도 얼마나 잘 수행되는지를 나타낸다. 일반화 오차를 줄이기 위해 데이터를 훈련(training), 검증(validation) 및 시험(test)용으로 분리해 사용한다. 신경회로망의 학습은 훈련 데이터로 이루어지고 학습의 종료는 검증 데이터로 결정된다. 이렇게 학습된 신경회로망의 성능은 시험 데이터로 평가된다. 학습에는 훈련 데이터만 사용되고 검증 데이터는 학습 종료에 관여한다. 시험 데이터는 학습 과정에 전혀 관여하지 않는다. 학습 초기에는 최적화와 일반화가 서로 상관되어 훈련 및 검증용 데이터 모두에서 성능이 개선된다(오차 함수의 감소). 이를 과소적합(uderfitting)이라 하고 성능 개선의 여지가 많다. 학습이 진행되면 어느 순간부터 훈련 오차는 줄지만 검증 오차는 증가하는데, 이는 신경회로망이 훈련 데이터에 특화된 패턴에 과도하게 학습된 상황으로 이를 과대적합(overfitting) 또는 과대학습(overlearning)이라 한다. 검증 오차가 증가하면 일반화 오차가 증가하는 것으로 이 때 학습을 중단해야 하며 이를 조기 종료(early stopping)라 부른다.

과대적합을 방지하는 가장 좋은 방법은 훈련 데이터를 많이 사용하는 것이다. 그 다음으로는 모델이 가장 중요한 패턴에 집중해 학습되도록 모델이 수용할 수 있는 정보의 양을 조절하거나 저장할 수 있는 정보에 제약을 가하는데, 이를 규제(regularization)라고 한다. 신경회로망의 가중치에 규제를 추가해 강제로 가중치가 작은 값을 갖게하여 신경회로망의 복잡도를 제한해 과대적합을 완화한다. 이렇게 가중치의 분포를 균일하게 하는 것을 가중치 규제(weight regularization)라 하고 신경회로망의 오차 함수에 큰 가중치에 연관된 비용을 추가한다. 다음과 같이 $L1$과 $L2$ 규제가 있다.

$L1$ 규제는 가중치의 절대값에 비례하는 비용($L1\ norm$)이 추가된다.

$$Loss = Error(y, \hat{y}) + \lambda \sum_{i=1}^{N} |w_i|,\ \ w_i\text{: 가중치}$$

$L2$ 규제는 가중치의 제곱에 비례하는 비용($L2\ norm$)이 추가된다. 가중치는 자신의 크기에 비례해서 줄어들도록 갱신되며 이를 가중치 감쇠(weights decay)라 한다.

$$Loss = Error(y, \hat{y}) + \lambda \sum_{i=1}^{N} w_i^2$$

드롭아웃(Dropout)은 신경회로망에 사용되는 효과적이고 널리 사용되는 규제 기법 가운데 하나이다. 드롭아웃을 적용하면 학습하는 동안 무작위로 신경회로망 층의 일부 뉴런 노드의 출력을 제외시킨다. 드롭아웃 비율은 0.2 ~ 0.5로 지정되며 시험 단계에서는 드롭아웃하지 않는 대신 층의 출력에 드롭아웃 비율을 곱해 출력을 줄여준다.

신경회로망의 경우 과대적합을 완화하기 위해 모델의 크기(학습할 매개변수의 크기)를 조정한다. 학습될 매개변수의 크기는 신경회로망을 구성하는 층(layer)의 수와 각 층에 포함된 노드(node)의 수로 결정된다. 신경회로망의 학습 매개변수가 많으면 훈련 데이터 샘플과 타겟을 일대일 매핑 수준으로 완벽하게 학습할 수 있지만, 이는 과대적합 상태로 일반화 능력이 없다. 매개변수가 적으면 과소적합이 일어난다. 신경회로망에 있는 학습 매개변수의 수를 그 신경회로망의 용량(capacity)이라 한다. 머신러닝은 시행착오를 통해 많지도 적지도 않은 절충점의 매개변수 용량을 찾아야 한다.

훈련 데이터에 어떤 추세가 포함되면 이것이 학습에 방해가 될 수 있다. 데이터에서 이런 추세를 제거하기 위해 전처리를 거친다. 전처리는 신경회로망만이 아니라 머신러닝 전반에서 적용된다. 전처리는 훈련, 검증 및 시험 데이터 모두에 적용되어야 한다. 가장 기본적인 전처리에는 표준화(standardization)와 정규화(normalization)가 있으며 이를 피처 스케일링이라 한다.

파이썬 사이킷런(scikit-learn)의 MLP(Multi-Layer Perceptron) Regressor를 사용해 머신러닝 회귀 모델을 학습시키고, 이 모델의 가중치와 절편 값을 사용해 아두이노에서 실행되는 MLP 회귀의 추론 코드를 작성한다.

## 4.1 데이터 준비

### 4.1.1 데이터 생성

넘파이를 사용해(배열로 반환) 0 ~ 3 사이의 x 값을 일정 간격으로 생성한 후 훈련 과정에서 데이터가 임의의 순서로 투입되는 것이 중요하기 때문에 데이터 순서를 임으로 변경한다. $y = 1.5 \times (1 - e^{-4.5 \times x})$를 계산하고 잡음을 추가한다.

```
import numpy as np
import math
import matplotlib.pyplot as plt

# 데이터 샘플 수 지정
SAMPLES = 100

# 시드 값을 지정, 동일한 랜덤 패턴 구현
SEED = 1
np.random.seed(SEED)
```

```
# 0부터 3까지 범위에서 일정 간격으로 x 값을 생성
x = np.linspace(0, 3, SAMPLES)

# 생성된 x의 값이 순서를 따르지 않도록 값을 섞음
np.random.shuffle(x)

# y 값을 계산, 가우시안 정규 분포의 잡음 추가
y = 1.5*(1 - np.exp(-4.5*x).astype(np.float32)) + 0.1*np.random.random(SAMPLES)

# 데이터를 그래프로 표현. 인수 'b.'는 파란색 도트로 그리도록 함
fig = plt.figure(figsize=(6, 4))
plt.scatter(x, y, s=4, alpha=1, color = 'blue')
plt.show()
```

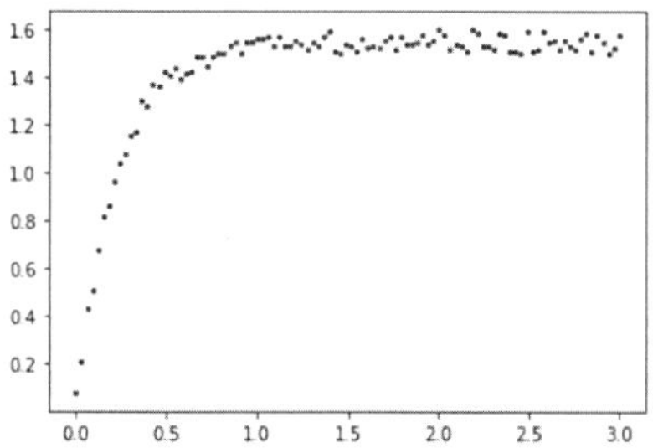


1차원 배열을 2차원 형태로 변경한다.

```
print(x.shape, y.shape)
# 1D -> 2D 배열로 변환
x = x.reshape(-1,1) # 1 열
y = y.reshape(-1,1)
print(x.shape, y.shape)
```

```
(100,) (100,)
(100, 1) (100, 1)
```

## 4.1.2 피처 스케일링

입력 변수(특징)의 균일한 영향(수치적 안정성)을 위해 서로 다른 변수의 값 범위를 일정한 수준으로 맞추는 피처 스케일링(Feature Scaling)을 한다. MLP를 구성하는 신경회로망의 학습에는 피처 스케일링이 성능에 영향을 주기 때문에 필요하다. 대표적인 피처 스케일링 방법으로 표준화(Standardization)와 정규화(Normaliaztion)가 있다.

표준화 : $z = \frac{x_i - \mu}{\sigma}$, $\mu$: 평균, $\sigma$: 표준편차

정규화 : $z = \frac{x_i - x_{\min}}{x_{\max} - x_{\min}}$

사이킷 런에서 표준화 클래스로 StandardScaler, 정규화 클래스로 MinMaxScaler 클래스를 지원한다. 여기서는 표준화를 사용한다.

```
from sklearn.preprocessing import StandardScaler

standardizer = StandardScaler()
std_scaler = standardizer.fit(x)
xs = std_scaler.transform(x) # 한 줄로 처리하려면 xs = standardizer.fit_transform(x)

print("입력(속성) 데이터 평균:", std_scaler.mean_)
print("입력(속성) 데이터 표준편차:", np.sqrt(std_scaler.var_))
```

```
입력(속성) 데이터 평균: [1.5]
입력(속성) 데이터 표준편차: [0.8747294]
```

### 4.1.3 데이터 분할

피처 스케일링으로 표준화한 데이터를 훈련(60%), 검증(20%), 시험(20%)용으로 분할한다.

```
# 분할 지점 지정
TRAIN_SPLIT = int(0.6 * SAMPLES)  # 검증 데이터 시작 위치 지정
TEST_SPLIT = int(0.2 * SAMPLES + TRAIN_SPLIT) # 테스트 데이터 시작 위치 지정

# 데이터 분할을 위해 np.split()을 사용
# np.split()의 둘째 인수는 데이터가 분할될 인덱스를 배열로 표현
# 두개의 인덱스를 기준으로 데이터를 3개로 분할
x_train, x_validate, x_test = np.split(xs, [TRAIN_SPLIT, TEST_SPLIT]) # 표준화된 입력 xs
y_train, y_validate, y_test = np.split(y, [TRAIN_SPLIT, TEST_SPLIT])

# 분할된 데이터 크기 출력
print(x_train.shape, x_validate.shape, x_test.shape)
print(y_train.shape, y_validate.shape, y_test.shape)
```

```
(60, 1) (20, 1) (20, 1)
(60, 1) (20, 1) (20, 1)
```

## 4.2 다층 신경회로망(MLP: Multi-Layer Perceptron) 회귀 모델의 구축

사이킷 런 neural_network 패키지의 MLPRegressor를 사용한다.

### 4.2.1 MLP 회귀 모델의 학습

신경회로망의 설계 매개변수를 다음과 같이 지정한다.

- hidden_layer_sizes=[14, 14] : 은닉 층 노드 수를 지정한다. 은닉층은 2개이고 첫째, 둘째 은닉층은 14개, 14개의 뉴런 노드를 가진다.

- max_iter = 4000 : 최대 학습 횟수
- alpha=0.005 : 학습률
- activation= 'relu': 은닉층의 활성화 함수를 relu로 지정(기본 값)
- 출력층은 활성화 함수를 사용하지 않음

```
from sklearn.neural_network import MLPRegressor

mlp_regr = MLPRegressor(hidden_layer_sizes=[14, 14], max_iter = 4000, alpha
= 0.005, random_state = 0)
mlp_regr.fit(x_train, y_train)
```

```
MLPRegressor(activation='relu', alpha=0.005, batch_size='auto', beta_1=0.9,
             beta_2=0.999, early_stopping=False, epsilon=1e-08,
             hidden_layer_sizes=[14, 14], learning_rate='constant',
             learning_rate_init=0.001, max_fun=15000, max_iter=4000,
             momentum=0.9,                          n_iter_no_change=10,
nesterovs_momentum=True,
             power_t=0.5, random_state=0, shuffle=True, solver='adam',
             tol=0.0001, validation_fraction=0.1, verbose=False,
             warm_start=False)
```

## 4.2.2 MLP 회귀 모델의 평가

성능평가 지표로 평균제곱오차(MSE)와 결정 계수(R2)를 사용한다.

$$MSE = \frac{1}{N}\sum_{i=1}^{N}(y_i - y_i^*)^2$$

여기서 $N$은 데이터 수, $y_i$는 실제 값, $y_i^*$는 예측 값

$$R^2 = 1 - \frac{\sum_{i=1}^{N}(y_i - y_i^*)^2}{\sum_{i=1}^{N}(y_i - \bar{y})^2}$$

여기서 $N$은 데이터 수, $y_i$는 실제 값, $y_i^*$는 예측 값, $\bar{y}$는 평균 값

사이킷 런 metrics 패키지의 mean_squared_error, r2_score를 사용한다.

```
from sklearn.metrics import mean_squared_error, r2_score

# 훈련 데이터에 대한 추론
y_train_pred = mlp_regr.predict(x_train)

# 검증 데이터에 대한 추론
y_validate_pred = mlp_regr.predict(x_validate)

# 시험 데이터에 대한 추론
y_test_pred = mlp_regr.predict(x_test)

# 평균제곱오차(MSE)
print('MSE: 훈련 %.2f, 검증 %.2f, 시험 %.2f '  % (mean_squared_error(y_train, y_train_pred), mean_squared_error(y_validate, y_validate_pred), mean_squared_error(y_test, y_test_pred)))

#  결정계수(R2)
print('R2 score: 훈련 %.2f, 검증 %.2f, 시험 %.2f ' %(r2_score(y_train, y_train_pred), r2_score(y_validate, y_validate_pred), r2_score(y_test, y_test_pred)))
```

```
MSE: 훈련 0.02, 검증 0.06, 시험 0.06
R2 score: 훈련 0.55, 검증 0.53, 시험 0.50
```

다음 코드는 훈련, 검증 및 시험용 데이터에 대하여 실제 데이터와 회귀 모델의 추론 값을 그래프로 표시한다.

```
# 훈련용 데이터 표시
 # 데이터를 점으로 표시
plt.plot(x_train, y_train, 'k.') # plt.scatter(x_train, y_train,  color='green')
plt.plot(x_train, y_train_pred, 'c.') # 직선으로 표시하려면 plt.plot(x_train, y_train_pred, color = 'green', linewidth = 2)
plt.title("Train")
plt.show()
```

```
# 검증용 데이터 표시
plt.plot(x_validate, y_validate, 'k.') # 데이터를 점으로 표시
plt.plot(x_validate, y_validate_pred, 'b.') # 직선
plt.title("Validate")
plt.show()

# 시험용 데이터 표시
plt.plot(x_test, y_test, 'k.')
plt.plot(x_test, y_test_pred, 'r.')
plt.title("Test")
plt.show()
```

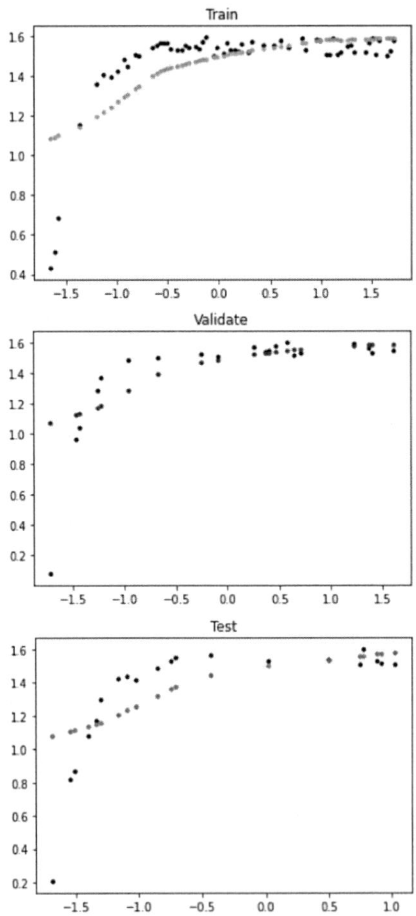

# 4.3 아두이노용 MLP 회귀 모델

## 4.3.1 MLP 회귀 모델의 변환

### (1) 변환 패키지 설치

clara-transpiler 패키지를 설치한다(https://pypi.org/project/clara-transpiler/).

```
pip install clara-transpiler
```

```
Collecting clara-transpiler
  Downloading clara_transpiler-0.17.5-py3-none-any.whl (26 kB)
Installing collected packages: clara-transpiler
Successfully installed clara-transpiler-0.17.5
```

### (2) 학습된 모델을 C 코드로 변환

패키지 clara.transpiler.mlp에서 MLPRTranspiler를 불러온다. transpiler = MLPRTranspiler ( ' 변환할 모델명 ' ), code = tranpiler.generate_code()를 실행하여 코드를 변환한다. code를 헤더 파일 Multi_MLP_Classifier.h에 저장한다.

```
from clara.transpiler.mlp import MLPRTranspiler

code = MLPRTranspiler(mlp_regr).generate_code() # 학습된 모델: mlp_regr

print(code)

with open("MLP_Regressor.h", "w+") as fp: # 헤더 파일 MLP_Regressor.h 생성
  fp.write(code)
```

```
/*
        The following code was generated using Clara.Transpiler. For more information please visit: https://github.com/asergiobranco/clara
        */
        #include <stdio.h>
        #include <math.h>

        #define N_LAYERS 4
        #define N_FEATURES 1

        #define RELU

        int networks_len[N_LAYERS] = {N_FEATURES, 14,14, 1};

        double sample[N_FEATURES] = {0};
        double network1[14] = {0};double network2[14] = {0};
        double network_out[1] = {0};

        double * networks[N_LAYERS] = {sample, network1,network2, network_out};

        . . .
```

〈그림 Ⅱ-13〉에 보인 것처럼 코랩(Colab)에서 실행한 경우 코랩 왼쪽 상단의 디렉토리 아이콘(□)을 클릭하면 생성된 헤더 파일(MLP_Regressor.h)을 볼 수 있고 그 내용은 〈그림 Ⅱ-14〉와 같다.

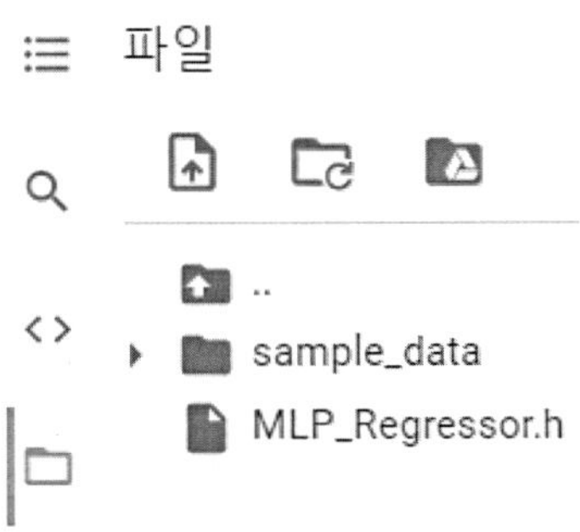


〈그림 Ⅱ-13〉 생성된 헤더 파일

```
#include <stdio.h>
#include <math.h>

#define N_LAYERS 4
#define N_FEATURES 1
#define RELU

int networks_len[N_LAYERS] = {N_FEATURES, 14,14, 1};

double sample[N_FEATURES] = {0};
double network1[14] = {0};double network2[14] = {0};
double network_out[1] = {0};
double * networks[N_LAYERS] = {sample, network1,network2, network_out};

double bias1[14] = {-0.5426012360714364,-0.5222447168367568,
    -0.6068810574136969, 0.479696602532931, 0.2988084052918364,
     0.4925811968676924, 0.6723578199688887, 0.4283673839767656,
    -0.07379389361713479,0.41617048319569694,-0.46878326261894854,
     0.23144233858147734,-0.4511263727195461,0.6083783047071011};


  ...

double * bias_networks[N_LAYERS-1] = {bias1,bias2,bias3};

double weights1[14] = {-1.576546742735583e-05, 0.15243114628555537,
    0.02923846441955331, 0.048833335866478006, -0.09590868968158686,
    0.22269029515846636, -0.1121997090323214, 0.5028602987019237,
    0.5636135734263217, -0.1985628464262821,0.38253876666864967,
    0.047714587858608916, 0.004879369110770786, 0.46285305995020837};
  ...

 double * weights_networks[N_LAYERS-1] = {weights1,weights2,weights3};
  ...
```

〈그림 Ⅱ-14〉 헤더 파일 MLP_Regressor.h

## 4.3.2 아누이노에서 MLP 회귀 모델의 추론

아두이노 추론 코드는 다음과 같이 구성된다.

① 앞에서 만든 헤더 파일(MLP_Regressor.h)을 포함

```
#include "MLP_Regressor.h"
```

② 입력 변수의 선언: 입력(특징) 데이터 샘플로 초기화

```
// 결과 확인용 2.78787879 → 1.5825391, 1.18181818 → 1.45271
double input[N_FEATURES] = {1.18181818};
```

③ 입력 데이터의 표준화에 사용될 평균 및 표준편차 변수의 선언

```
float x_mean[N_FEATURES] = { 1.5000000 };
float x_std[N_FEATURES] = { 0.8747294 };
```

다음 코드의 출력 결과를 복사하여 표준화를 위한 변수 선언에 사용한다.

```
N_FEATURES = x_train.shape[1]
print("// 입력 데이터의 표준화를 위한 평균 & 표준편차")
print("float x_mean[N_FEATURES] = {", end='')
for i in range(N_FEATURES):
  if (i==N_FEATURES-1):
    print("{:.7f}".format(std_scaler.mean_[i]), "};")
  else:
    print("{:.7f}".format(std_scaler.mean_[i]), ", ", end='')

print("float x_std[N_FEATURES] = {", end ='')
for i in range(N_FEATURES):
  if (i==N_FEATURES-1):
    print("{:.7f}".format(np.sqrt(std_scaler.var_[i])), "};")
  else:
    print("{:.7f}".format(np.sqrt(std_scaler.var_)[i]), ", ", end='')
```

```
// 입력 데이터의 표준화를 위한 평균 & 표준편차
float x_mean[N_FEATURES] = {1.5000000 };
float x_std[N_FEATURES] = {0.8747294 };
```

④ 입력의 표준화 계산

```
for(int i=0; i<N_FEATURES;i++){
    input[i] = (input[i] - x_mean[i]) / x_std[i];
}
```

⑤ MLP의 추론

```
double target = predict(input);
```

⑥ 추론 결과에 따른 동작: 추론 결과를 직렬 모니터에 전송한다.

```
Serial.println(target);
```

이상의 아두이노 추론 코드를 다음과 같이 문자열 변수 code에 저장하고 code의 내용을 파일명(MLP_Regressor.ino)에 쓴다.

```
code = """
#include "MLP_Regressor.h"

void setup(){
  Serial.begin(9600);
}

void loop(){
   // input: features
   double input[N_FEATURES] = {1.18181818};

   // 입력 표준화
   double x_mean[N_FEATURES] = {1.5000000 };
   double x_std[N_FEATURES] = {0.8747294 };
   for(int i=0; i<N_FEATURES;i++){
      input[i] = (input[i] - x_mean[i]) / x_std[i];
   }

   // output: target
   double target = predict(input);

   Serial.println(target);
   delay(100);
```

```
}
"""

with open("MLP_Regressor.ino", "w+") as fp:
  fp.write(code)
```

⑦ MLP_Regressor라는 이름의 디렉토리를 만들고 여기에 MLP_Regressor.ino와 MLP_Regressor.h 파일을 옮기면 아두이노 개발환경에서 실행할 수 있다.

생성된 파일(MLP_Regressor.ino)의 아두이노 추론 스케치는 〈그림 Ⅱ-15〉와 같다.

MLP_Regressor§ MLP_Regressor.h

```
#include "MLP_Regressor.h"

void setup(){
  Serial.begin(9600);
}

void loop(){
   // input: features
   double input[N_FEATURES] = {1.18181818};

   // 입력 표준화
   double x_mean[N_FEATURES] = {1.5000000 };
   double x_std[N_FEATURES] = {0.8747294 };
   for(int i=0; i<N_FEATURES;i++){
      input[i] = (input[i] - x_mean[i]) / x_std[i];
   }

   // output: target
   double target = predict(input);

   Serial.println(target);
   delay(100);
}
```

〈그림 Ⅱ-15〉 아두이노 MLP 회귀 추론 스케치

# 5 지도학습 : 의사결정트리 (Decision Tree)

머신러닝에는 블랙박스 모델과 화이트박스 모델이 있다. 블랙박스 모델은 모델 내부에서 일어나는 일을 이해하거나 시각화하기 어렵다. 즉, 블랙박스 모델은 모델의 입력인 특징과 모델의 출력인 결과 사이에 어떤 상관관계가 있는지 파악하기 어렵다. 반면에 화이트 박스 모델은 모델의 입·출력 간의 상관관계를 이해할 수 있고 시각화도 가능하다. 머신러닝 모델의 대부분은 블랙박스 모델이지만 의사결정트리는 대표적인 화이트 박스 모델로 간단하면서 유용한 머신러닝 방법 중 하나이다. 의사결정트리는 의사결정의 시각화와 해석이 가능해서 의사결정의 근거를 파악할 수 있다. 의사결정트리는 분류(classification)와 회귀(regression) 모두에 사용할 수 있다.

## 5.1 분류 의사결정트리

### 5.1.1 분류 트리의 표시

의사결정트리는 속성을 선택하고 질문 위치를 나타내는 노드로 구성된 트리 모양의 그래프이다. 의사결정트리는 특정한 의사결정으로 시작되며, 이는 루트 노드 상자로 표시된다. 질문에 의한 분할이 이루어지는 내부 노드와 더 이상 분할되지 않는 분기의 끝은 리프 노드로 표시된다. 가지는 노드를 연결하는 선으로 질문에서 답까지의 흐름을 표시한다. 트리에서 각 노드는 인스턴스의 일부 속성에 대한 질문을 지정하고 해당 노드에서 내려오는 각 분기는 이 속성에 대해 가능한 값 중 하나에 해당한다. 인스턴스는 트리의 루트 노드에서 시작해 이 노드에 의해 지정된 속성의 질문에 답한 후 그 다음 주어진 속성 값에 해당하는 트리 분기로 이동하는 과정을 반복하면서 리프 노드에 도달한다. 리프 노드는 최종적인 의사결정의 결과에 해당한다.

〈그림 Ⅱ-16〉은 제시된 날에 테니스를 치는 것이 적절한지에 대한 의사결정트리이다. 트리를 통해 적절한 리프 노드로 정렬한 다음 이 리프 노드와 관련된 분류를 반환한다. "날씨가 맑고 온도와 습도가 높고 바람이 강하다면?" 의사결정트리에 의하면 부정적인 인스턴스로 분류된다("테니스 치기"에 대한 '아니오' 예측).

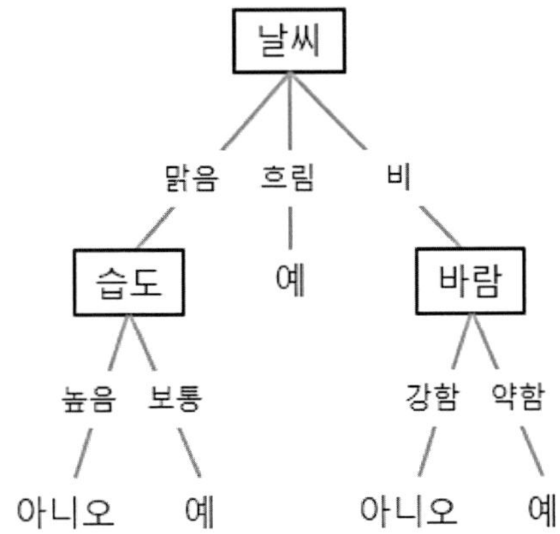


〈그림 Ⅱ-16〉 의사결정트리 예시
Machine Learning, Tom Mitchell, McGraw Hill, 1997

일반적으로 의사결정트리는 인스턴스의 속성 값에 대한 조건의 결합을 분리한 것이다. 즉, 트리 루트에서 리프까지의 각 경로는 속성 테스트를 결합한 것이고 트리 자체는 이러한 결합을 조건에 따라 분리해서 만들어진 것이다. 〈그림 Ⅱ-16〉의 의사결정트리는 다음과 같이 표현할 수 있다.

(날씨 = 맑음, 습도 = 보통) U (날씨 = 흐림) U (날씨 = 비, 바람 = 약함)

## 5.1.2 분류 트리의 학습

의사결정트리는 분기할 때마다 변수 영역을 두 개로 구분하는데, 이 때 영역을 나누는 기준은 구분 후 영역의 순도(homogeneity)가 증가하고 불순도(impurity) 또는 불확실성(uncertainty)은 최대한 감소하는 방향, 다시말해 최대한 균일한 데이터끼기 모여있게 분류되도록 학습이 진행된다. 데이터의 불순도, 무질서 또는 불확실성을 측정하는 지표로 엔트로피(entropy)가 있으며 엔트로피가 낮아지도록 분류가 이루어진다. S가 m개의 예(구성원)를 가질 때 엔트로피는 다음 식으로 정의된다.

$$Entropy(S) = -\sum_{k=1}^{m} p_k \log_2(p_k),$$

$p_k$는 S에 속하는 예 가운데 타겟의 k 범주에 속하는 비율

어떤 타겟의 긍정적 및 부정적 예를 포함하는 영역 S가 있으면 이진 분류에 대한 엔트로피는 다음과 같다.

$$Entropy(S) = -p_+ \log_2(p_+) - p_- \log_2(p_-)$$

여기서 $p_+$와 $p_-$는 S 영역에 속하는 예가 긍정적 분류와 부정적 분류에 속하는 비율이다. 〈표 Ⅱ-2〉에 보인 학습 예를 사용하여 의사결정트리가 생성되는 과정을 알아본다. 타겟 속성인 "테니스 치기"는 날짜별로 '예' 또는 '아니오'의 값을 가진다.

〈표 Ⅱ-2〉 의사결정트리의 학습 예

Machine Learning, Tom Mitchell, McGraw Hill, 1997

| 일 | 날씨 | 습도 | 바람 | 테니스 치기 |
|---|---|---|---|---|
| D1 | 맑음 | 높음 | 약함 | 아니오 |
| D2 | 맑음 | 높음 | 강함 | 아니오 |
| D3 | 흐림 | 높음 | 약함 | 예 |
| D4 | 비 | 높음 | 약함 | 예 |
| D5 | 비 | 보통 | 약함 | 예 |
| D6 | 비 | 보통 | 강함 | 아니오 |
| D7 | 흐림 | 보통 | 강함 | 예 |
| D8 | 맑음 | 높음 | 약함 | 아니오 |
| D9 | 맑음 | 보통 | 약함 | 예 |
| D10 | 비 | 보통 | 약함 | 예 |
| D11 | 맑음 | 보통 | 강함 | 예 |
| D12 | 흐림 | 높음 | 강함 | 예 |
| D13 | 흐림 | 보통 | 약함 | 예 |
| D14 | 비 | 높음 | 강함 | 아니오 |

### (1) 14개 예를 갖는 S의 엔트로피 $Entropy(S)$ 계산

이항 분류에 대한 엔트로피는 다음과 같이 계산된다.

| 일 | 테니스 치기 | 긍정 | 부정 |
|---|---|---|---|
| D1 | 아니오 | 9 | 5 |
| D2 | 아니오 | | |
| D3 | 예 | | |
| D4 | 예 | | |
| D5 | 예 | | |
| D6 | 아니오 | | |
| D7 | 예 | | |
| D8 | 아니오 | | |
| D9 | 예 | | |
| D10 | 예 | | |
| D11 | 예 | | |
| D12 | 예 | | |
| D13 | 예 | | |
| D14 | 아니오 | | |

<표 Ⅱ-2>의 S는 9개의 긍정적인 예와 5개의 부정적인 예를 포함한다.
이를 [9+, 5-]로 표기한다.

$$Entropy(S) = -p_+ \times \log_2(p_+) - p_- \times \log_2(p_-)$$
$$= -\frac{9}{14} log_2(\frac{9}{14}) - \frac{5}{14} log_2(\frac{5}{14})$$
$$= 0.94$$

$$p_+ = \frac{9}{14},\ p_- = \frac{5}{14}$$

S의 모든 예가 동일한 범주(클래스)에 속하면 엔트로피는 0이다. 가령, 14개 예 모두가 긍정적이면 엔트로피는 다음과 같이 계산된다.

$$p_+ = \frac{14}{14} = 1,\ p_- = \frac{0}{14} \text{이고 } Entropy(S) = -1 \times \log_2(1) - 0 \times \log_2(0) = 0$$

S에 긍정적 예와 부정적 예의 숫자가 같으면 엔트로피는 1이다.

$$Entropy(S) = -0.5 \times \log_2(0.5) - 0.5 \times \log_2(0.5) = 1$$

S에 긍정적 예와 부정적 예의 숫자가 같지 않으면 엔트로피는 0 ~ 1의 값을 가진다. 〈그림 Ⅱ-17〉은 이항 분류에서 $p_+$가 0 ~ 1의 값을 가질 때 엔트로피 함수를 보인다. S에 속하는 예의 $p_+$가 1에 근접(즉, 타겟 범주가 긍정적 분류에 속할 확률이 1에 근접)할수록 또는 $p_+$가 0에 근접(타겟 범주가 부정적 분류에 속하는 확률이 1에 근접)할수록 엔트로피는 작아진다.

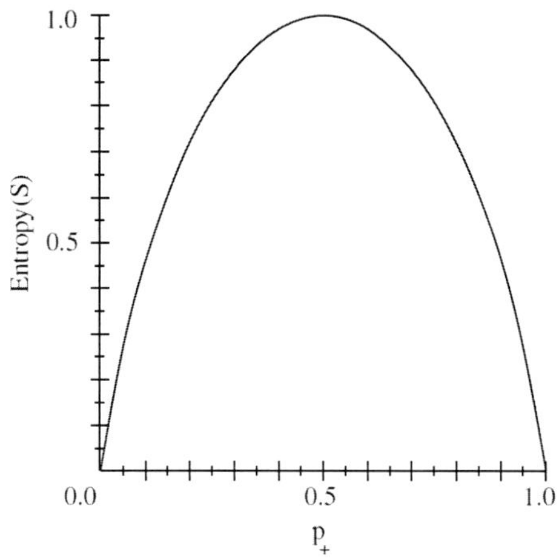


〈그림 Ⅱ-17〉 엔트로피 함수

불순도 지표인 엔트로피가 주어지면 학습 데이터를 분류할 때 속성의 중요도를 측정하기 위한 지표로 정보 이득을 사용한다. 정보 이득은 데이터를 어떤 속성에 의해 분할하는 경우 예상되는 엔트로피의 감소(균일도의 증가)로 표시된다. S에 대한 속성 A의 정보 이득 Gain(S, A)은 다음 식으로 정의된다.

$$Gain(S,A) = Entropy(S) - \sum_{v \in Values(A)} \frac{|S_v|}{S} Entropy(S_v)$$

여기서 S는 예의 모음, A는 속성, $Values(A)$는 속성 A가 갖는 값이고 $S_v$는 속성 A가 값 $v$를 갖는 S의 부분 집합이다.

### (2) 속성 날씨의 정보 이득 $G(S$, 날씨) 계산

〈표 Ⅱ-2〉에서 속성 날씨의 '맑음', '비' 또는 '흐림' 값을 갖는 학습 예에 대한 엔트로피와 정보 이득을 다음과 같이 계산한다.

| 일 | 날씨 | 테니스 치기 |
|---|---|---|
| D1 | 맑음 | 아니오 |
| D2 | 맑음 | 아니오 |
| D3 | 흐림 | 예 |
| D4 | 비 | 예 |
| D5 | 비 | 예 |
| D6 | 비 | 아니오 |
| D7 | 흐림 | 예 |
| D8 | 맑음 | 아니오 |
| D9 | 맑음 | 예 |
| D10 | 비 | 예 |
| D11 | 맑음 | 예 |
| D12 | 흐림 | 예 |
| D13 | 흐림 | 예 |
| D14 | 비 | 아니오 |
| **S맑음** | **긍정** | **2** |

| 일 | 날씨 | 테니스 치기 |
|---|---|---|
| D1 | 맑음 | 아니오 |
| D2 | 맑음 | 아니오 |
| D3 | 흐림 | 예 |
| D4 | 비 | 예 |
| D5 | 비 | 예 |
| D6 | 비 | 아니오 |
| D7 | 흐림 | 예 |
| D8 | 맑음 | 아니오 |
| D9 | 맑음 | 예 |
| D10 | 비 | 예 |
| D11 | 맑음 | 예 |
| D12 | 흐림 | 예 |
| D13 | 흐림 | 예 |
| D14 | 비 | 아니오 |
| **S맑음** | **부정** | **3** |

$Values(\text{날씨}) = \text{맑음}$

$S = [9+, 5-]$

날씨가 '맑음'이며 '예' 2, '아니오' 3

$S_{\text{맑음}} = [2+, 3-]$

$$Entropy(S_{\text{맑음}})$$
$$= -p_{\text{맑음}+} \times \log_2(p_{\text{맑음}+}) - p_{\text{맑음}-} \times \log_2(p_{\text{맑음}-})$$
$$= -\frac{2}{5}log_2(\frac{2}{5}) - \frac{3}{5}log_2(\frac{3}{5})$$
$$= 0.971$$

| 일 | 날씨 | 테니스 치기 |
|---|---|---|
| D1 | 맑음 | 아니오 |
| D2 | 맑음 | 아니오 |
| D3 | 흐림 | 예 |
| D4 | 비 | 예 |
| D5 | 비 | 예 |
| D6 | 비 | 아니오 |
| D7 | 흐림 | 예 |
| D8 | 맑음 | 아니오 |
| D9 | 맑음 | 예 |
| D10 | 비 | 예 |
| D11 | 맑음 | 예 |
| D12 | 흐림 | 예 |
| D13 | 흐림 | 예 |
| D14 | 비 | 아니오 |
| **S흐림** | **긍정** | **4** |

| 일 | 날씨 | 테니스 치기 |
|---|---|---|
| D1 | 맑음 | 아니오 |
| D2 | 맑음 | 아니오 |
| D3 | 흐림 | 예 |
| D4 | 비 | 예 |
| D5 | 비 | 예 |
| D6 | 비 | 아니오 |
| D7 | 흐림 | 예 |
| D8 | 맑음 | 아니오 |
| D9 | 맑음 | 예 |
| D10 | 비 | 예 |
| D11 | 맑음 | 예 |
| D12 | 흐림 | 예 |
| D13 | 흐림 | 예 |
| D14 | 비 | 아니오 |
| **S흐림** | **부정** | **0** |

$Values(\text{날씨}) = \text{흐림}$

$S = [9+, 5-]$

날씨가 '흐림'이며 '예' 4, '아니오' 0

$S_{\text{흐림}} = [4+, 0-]$

$$Entropy(S_{\text{흐림}})$$
$$= -p_{\text{흐림}+} \times \log_2(p_{\text{흐림}+}) - p_{\text{흐림}-} \times \log_2(p_{\text{흐림}-})$$
$$= -\frac{4}{4}log_2(\frac{4}{4}) - \frac{0}{4}log_2(\frac{0}{4})$$
$$= 0.0$$

| 일 | 날씨 | 테니스 치기 |
|---|---|---|
| D1 | 맑음 | 아니오 |
| D2 | 맑음 | 아니오 |
| D3 | 흐림 | 예 |
| D4 | 비 | 예 |
| D5 | 비 | 예 |
| D6 | 비 | 아니오 |
| D7 | 흐림 | 예 |
| D8 | 맑음 | 아니오 |
| D9 | 맑음 | 예 |
| D10 | 비 | 예 |
| D11 | 맑음 | 예 |
| D12 | 흐림 | 예 |
| D13 | 흐림 | 예 |
| D14 | 비 | 아니오 |
| **S비** | **긍정** | **3** |

| 일 | 날씨 | 테니스 치기 |
|---|---|---|
| D1 | 맑음 | 아니오 |
| D2 | 맑음 | 아니오 |
| D3 | 흐림 | 예 |
| D4 | 비 | 예 |
| D5 | 비 | 예 |
| D6 | 비 | 아니오 |
| D7 | 흐림 | 예 |
| D8 | 맑음 | 아니오 |
| D9 | 맑음 | 예 |
| D10 | 비 | 예 |
| D11 | 맑음 | 예 |
| D12 | 흐림 | 예 |
| D13 | 흐림 | 예 |
| D14 | 비 | 아니오 |
| **S비** | **부정** | **2** |

$Values(\text{날씨}) = \text{비}$

$S = [9+, 5-]$

날씨가 '비'이며 '예' 3, '아니오' 2

$S_{\text{비}} = [3+, 2-]$

$$Entropy(S_{\text{비}})$$
$$= -p_{\text{비}+} \times \log_2(p_{\text{비}+}) - p_{\text{비}-} \times \log_2(p_{\text{비}-})$$
$$= -\frac{3}{5}log_2(\frac{3}{5}) - \frac{2}{5}log_2(\frac{2}{5})$$
$$= 0.971$$

날씨 속성에 대한 정보 이득은 다음과 같이 계산된다.

$$Gain(S, \text{날씨})$$
$$= Entropy(S) - \frac{5}{14}Entropy(S_{\text{맑음}}) - \frac{4}{14}Entropy(S_{\text{흐림}}) - \frac{5}{14}Entropy(S_{\text{비}})$$
$$= 0.94 - \frac{5}{14}\times 0.971 - \frac{4}{14}\times 0 - \frac{5}{14}\times 0.971$$
$$= 0.246$$

## (3) 속성 바람의 정보 이득 $G(S$, 바람) 계산

〈표 Ⅱ-2〉에서 속성 바람의 '약함' 또는 '강함' 값을 갖는 학습 예에 대한 엔트로피와 정보 이득을 다음과 같이 계산한다.

| 일 | 바람 | 테니스 치기 |
|---|---|---|
| D1 | 약함 | 아니오 |
| D2 | 강함 | 아니오 |
| D3 | 약함 | 예 |
| D4 | 약함 | 예 |
| D5 | 약함 | 예 |
| D6 | 강함 | 아니오 |
| D7 | 강함 | 예 |
| D8 | 약함 | 아니오 |
| D9 | 약함 | 예 |
| D10 | 약함 | 예 |
| D11 | 강함 | 예 |
| D12 | 강함 | 예 |
| D13 | 약함 | 예 |
| D14 | 강함 | 아니오 |
| S약함 | 긍정 | 6 |

| 일 | 바람 | 테니스 치기 |
|---|---|---|
| D1 | 약함 | 아니오 |
| D2 | 강함 | 아니오 |
| D3 | 약함 | 예 |
| D4 | 약함 | 예 |
| D5 | 약함 | 예 |
| D6 | 강함 | 아니오 |
| D7 | 강함 | 예 |
| D8 | 약함 | 아니오 |
| D9 | 약함 | 예 |
| D10 | 약함 | 예 |
| D11 | 강함 | 예 |
| D12 | 강함 | 예 |
| D13 | 약함 | 예 |
| D14 | 강함 | 아니오 |
| S약함 | 부정 | 2 |

$Values(\text{바람}) = \text{약함}$

$S = [9+, 5-]$

바람이 '약함'이며 '예' 6, '아니오' 2

$S_{\text{약함}} = [6+, 2-]$

$$Entropy(S_{\text{약함}})$$
$$= -p_{\text{약함}+} \times \log_2(p_{\text{약함}+}) - p_{\text{약함}-} \times \log_2(p_{\text{약함}-})$$
$$= -\frac{6}{8}log_2(\frac{6}{8}) - \frac{2}{8}log_2(\frac{2}{8})$$
$$= 0.811$$

| 일 | 바람 | 테니스 치기 |
|---|---|---|
| D1 | 약함 | 아니오 |
| D2 | 강함 | 아니오 |
| D3 | 약함 | 예 |
| D4 | 약함 | 예 |
| D5 | 약함 | 예 |
| D6 | 강함 | 아니오 |
| D7 | 강함 | 예 |
| D8 | 약함 | 아니오 |
| D9 | 약함 | 예 |
| D10 | 약함 | 예 |
| D11 | 강함 | 예 |
| D12 | 강함 | 예 |
| D13 | 약함 | 예 |
| D14 | 강함 | 아니오 |
| S강함 | 긍정 | 3 |

| 일 | 바람 | 테니스 치기 |
|---|---|---|
| D1 | 약함 | 아니오 |
| D2 | 강함 | 아니오 |
| D3 | 약함 | 예 |
| D4 | 약함 | 예 |
| D5 | 약함 | 예 |
| D6 | 강함 | 아니오 |
| D7 | 강함 | 예 |
| D8 | 약함 | 아니오 |
| D9 | 약함 | 예 |
| D10 | 약함 | 예 |
| D11 | 강함 | 예 |
| D12 | 강함 | 예 |
| D13 | 약함 | 예 |
| D14 | 강함 | 아니오 |
| S강함 | 부정 | 3 |

$Values(\text{바람}) = \text{강함}$

$S = [9+, 5-]$

바람이 '강함'이며 '예' 3, '아니오' 3

$S_{\text{강함}} = [3+, 3-]$

$$Entropy(S_{\text{강함}})$$
$$= -p_{\text{강함}+} \times \log_2(p_{\text{강함}+}) - p_{\text{강함}-} \times \log_2(p_{\text{강함}-})$$
$$= -\frac{3}{6}log_2(\frac{3}{6}) - \frac{3}{6}log_2(\frac{3}{6})$$
$$= 1.0$$

바람 속성에 대한 정보 이득은 다음과 같이 계산된다.

$$Gain(S,\ 바람) = Entropy(S) - \frac{8}{14}Entropy(S_{약함}) - \frac{6}{14}Entropy(S_{강함})$$
$$= 0.94 - (8/14)*0.811 - (6/14)*1.0$$
$$= 0.048$$

## (4) 속성 습도의 정보 이득 $G(S, 습도)$ 계산

〈표 Ⅱ-2〉에서 속성 습도의 '더움' 또는 '보통' 값을 갖는 학습 예에 대한 엔트로피와 정보 이득을 다음과 같이 계산한다.

| 일 | 습도 | 테니스 치기 |
|---|---|---|
| D1 | 높음 | 아니오 |
| D2 | 높음 | 아니오 |
| D3 | 높음 | 예 |
| D4 | 높음 | 예 |
| D5 | 보통 | 예 |
| D6 | 보통 | 아니오 |
| D7 | 보통 | 예 |
| D8 | 높음 | 아니오 |
| D9 | 보통 | 예 |
| D10 | 보통 | 예 |
| D11 | 보통 | 예 |
| D12 | 높음 | 예 |
| D13 | 보통 | 예 |
| D14 | 높음 | 아니오 |
| $S_{높음}$ | 긍정 | 3 |

| 일 | 습도 | 테니스 치기 |
|---|---|---|
| D1 | 높음 | 아니오 |
| D2 | 높음 | 아니오 |
| D3 | 높음 | 예 |
| D4 | 높음 | 예 |
| D5 | 보통 | 예 |
| D6 | 보통 | 아니오 |
| D7 | 보통 | 예 |
| D8 | 높음 | 아니오 |
| D9 | 보통 | 예 |
| D10 | 보통 | 예 |
| D11 | 보통 | 예 |
| D12 | 높음 | 예 |
| D13 | 보통 | 예 |
| D14 | 높음 | 아니오 |
| $S_{높음}$ | 부정 | 4 |

$Values(습도) = 높음$

$S = [9+, 5-]$

습도가 '높음'이며 '예' 3, '아니오' 4

$S_{높음} = [3+, 4-]$

$$Entropy(S_{높음})$$
$$= -p_{높음+} \times \log_2(p_{높음+}) - p_{높음-} \times \log_2(p_{높음-})$$
$$= -\frac{3}{7}log_2(\frac{3}{7}) - \frac{4}{7}log_2(\frac{4}{7})$$
$$= 0.985$$

| 일 | 습도 | 테니스 치기 |
|---|---|---|
| D1 | 높음 | 아니오 |
| D2 | 높음 | 아니오 |
| D3 | 높음 | 예 |
| D4 | 높음 | 예 |
| D5 | 보통 | 예 |
| D6 | 보통 | 아니오 |
| D7 | 보통 | 예 |
| D8 | 높음 | 아니오 |
| D9 | 보통 | 예 |
| D10 | 보통 | 예 |
| D11 | 보통 | 예 |
| D12 | 높음 | 예 |
| D13 | 보통 | 예 |
| D14 | 높음 | 아니오 |
| $S_{보통}$ | 긍정 | 6 |

| 일 | 습도 | 테니스 치기 |
|---|---|---|
| D1 | 높음 | 아니오 |
| D2 | 높음 | 아니오 |
| D3 | 높음 | 예 |
| D4 | 높음 | 예 |
| D5 | 보통 | 예 |
| D6 | 보통 | 아니오 |
| D7 | 보통 | 예 |
| D8 | 높음 | 아니오 |
| D9 | 보통 | 예 |
| D10 | 보통 | 예 |
| D11 | 보통 | 예 |
| D12 | 높음 | 예 |
| D13 | 보통 | 예 |
| D14 | 높음 | 아니오 |
| $S_{보통}$ | 부정 | 1 |

$Values(습도) = 보통$

$S = [9+, 5-]$

습도가 '보통'이며 '예' 6, '아니오' 1

$S_{보통} = [6+, 1-]$

$$Entropy(S_{보통})$$
$$= -p_{보통+} \times \log_2(p_{보통+}) - p_{보통-} \times \log_2(p_{보통-})$$
$$= -\frac{6}{7}log_2(\frac{6}{7}) - \frac{1}{7}log_2(\frac{1}{7})$$
$$= 0.592$$

습도 속성에 대한 정보 이득은 다음과 같이 계산된다.

$$Gain(S,\ 습도) = Entropy(S) - \frac{7}{14}Entropy(S_{높음}) - \frac{7}{14}Entropy(S_{보통})$$
$$= 0.94 - \frac{7}{14} \times 0.985 - \frac{7}{14} \times 0.592$$
$$= 0.152$$

### (5) 의사결정트리의 루트 노드 결정

속성의 관련성 평가를 위해 계산된 정보 이득을 요약하면 〈표 Ⅱ-3〉과 같다. 목표 분류에 대해서 습도는 바람보다 더 큰 정보 이득을 제공한다. S를 습도에 대해 정렬하면 [3+, 4-](습도 = 높음) 및 [6+, 1-](습도 = 보통)이다. 이 분할로 얻은 정보는 0.152인데 바람 속성에 대한 이득은 0.048에 불과하다.

〈표 Ⅱ-3〉 속성별 정보 이득

| 속성 | 값 | 긍정 분류 수 {일} | 부정 분류 수 {일} | 정보 이득 |
|---|---|---|---|---|
| 날씨 | 맑음 | 2+ {D9, D11} | 3- {D1, D2, D8} | 0.246 |
| | 흐림 | 4+ {D3, D7, D12, D13} | 0- | |
| | 비 | 3+ {D4, D5, D10} | 2- {D6, D14} | |
| 습도 | 높음 | 3+ {D3, D4, D12} | 4- {D1, D2, D8, D14} | 0.152 |
| | 보통 | 6+ {D5, D7, D9, D10, D11, D13} | 1- {D6} | |
| 바람 | 강함 | 3+ {D7, D11, D12} | 3- {D2, D6, D14} | 0.048 |
| | 약함 | 6+ {D3, D4, D5, D9, D10, D13} | 2- {D1, D8} | |

〈표 Ⅱ-3〉의 정보 이득에 의하면 학습 예의 타겟 "테니스 치기"에 대해서 날씨 속성이 최상의 예측을 제공한다. 따라서 의사결정트리에서 루트 노드의 결정 속성으로 날씨가 선택되고 가능한 값('맑음', '흐림' 및 '비')에 대해 루트 아래의 분기가 생성된다. 루트 노드에 새로운 자손 노드가 정렬되는 〈그림 Ⅱ-18〉의 부분 의사결정트리가 만들어진다. "날씨 = 흐림"인 예는 모두가 "테니스 치기"의 긍정적 분류에 해당해서($Entropy(S_{흐림}) = 0.0$) 이 노드는 트리에서 "테니스 치기 = 예"로 분류된 리프 노드가 된다. 반면에 "날씨 = 맑음" 및 "날씨 = 비"에 해당하는 자손 노드는 0이 아닌 엔트로피를 가지며 이런 노드 아래에 의사결정트리가 추가된다. 새로운 속성을 선택하고 학습 예를 분할하는 과정이 말단(리프)이

아닌 자손 노드에 대해 반복된다. 트리의 상위에 통합된 속성은 제외되므로 주어진 속성은 트리를 통과하는 경로에 최대 한 번 나타난다.

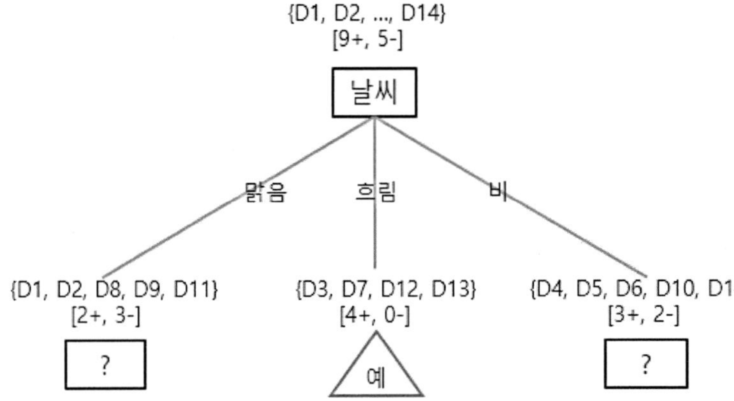


〈그림 Ⅱ-18〉 부분 의사결정트리

트리 생성 과정은 다음 두 가지 조건 중 하나가 충족될 때까지 새로운 리프 노드에 대해 반복된다.

① 모든 속성이 트리 경로에 이미 포함된 경우

② 리프 노드와 관련된 학습 예가 모두 동일한 타겟 속성 값을 갖는 경우(엔트로피가 0).

### (6) "날씨 = 맑음"일 때 속성 습도의 정보 이득 $G(S_{맑음}$, 습도) 계산

"날씨 = 맑음"이면서 습도에 대한 정보 이득을 다음과 같이 계산한다.

| 일 | 날씨 | 습도 | 테니스 치기 |
|---|---|---|---|
| D1 | 맑음 | 높음 | 아니오 |
| D2 | 맑음 | 높음 | 아니오 |
| D3 | 흐림 | 높음 | 예 |
| D4 | 비 | 높음 | 예 |
| D5 | 비 | 보통 | 예 |
| D6 | 비 | 보통 | 아니오 |
| D7 | 흐림 | 보통 | 예 |
| D8 | 맑음 | 높음 | 아니오 |
| D9 | 맑음 | 보통 | 예 |
| D10 | 비 | 보통 | 예 |
| D11 | 맑음 | 보통 | 예 |
| D12 | 흐림 | 높음 | 예 |
| D13 | 흐림 | 보통 | 예 |
| D14 | 비 | 높음 | 아니오 |
| S맑음-습도-높음 | 긍정 | 0 | |

| 일 | 날씨 | 습도 | 테니스 치기 |
|---|---|---|---|
| D1 | 맑음 | 높음 | 아니오 |
| D2 | 맑음 | 높음 | 아니오 |
| D3 | 흐림 | 높음 | 예 |
| D4 | 비 | 높음 | 예 |
| D5 | 비 | 보통 | 예 |
| D6 | 비 | 보통 | 아니오 |
| D7 | 흐림 | 보통 | 예 |
| D8 | 맑음 | 높음 | 아니오 |
| D9 | 맑음 | 보통 | 예 |
| D10 | 비 | 보통 | 예 |
| D11 | 맑음 | 보통 | 예 |
| D12 | 흐림 | 높음 | 예 |
| D13 | 흐림 | 보통 | 예 |
| D14 | 비 | 높음 | 아니오 |
| S맑음-습도-높음 | 부정 | 3 | |

날씨가 맑음이고 습도가 '높음': '예' 0, '아니오' 3

$S_{맑음} = [2+, 3-]$, $Entropy(S_{맑음}) = 0.971$

$S_{맑음-습도-높음} = [0+, 3-]$

$$\begin{aligned} &Entropy(S_{맑음-습도-높음}) \\ &= -p_{맑음-높음+} \times \log_2(p_{맑음-높음+}) \\ &\quad -p_{맑음-높음-} \times \log_2(p_{맑음-높음-}) \\ &= -\frac{0}{3} log_2(\frac{0}{3}) - \frac{3}{3} log_2(\frac{3}{3}) \\ &= 0.0 \end{aligned}$$

| 일 | 날씨 | 습도 | 테니스 치기 |
|---|---|---|---|
| D1 | 맑음 | 높음 | 아니오 |
| D2 | 맑음 | 높음 | 아니오 |
| D3 | 흐림 | 높음 | 예 |
| D4 | 비 | 높음 | 예 |
| D5 | 비 | 보통 | 예 |
| D6 | 비 | 보통 | 아니오 |
| D7 | 흐림 | 보통 | 예 |
| D8 | 맑음 | 높음 | 아니오 |
| D9 | 맑음 | 보통 | 예 |
| D10 | 비 | 보통 | 예 |
| D11 | 맑음 | 보통 | 예 |
| D12 | 흐림 | 높음 | 예 |
| D13 | 흐림 | 보통 | 예 |
| D14 | 비 | 높음 | 아니오 |
| S맑음-습도-보통 | 긍정 | 2 | |

| 일 | 날씨 | 습도 | 테니스 치기 |
|---|---|---|---|
| D1 | 맑음 | 높음 | 아니오 |
| D2 | 맑음 | 높음 | 아니오 |
| D3 | 흐림 | 높음 | 예 |
| D4 | 비 | 높음 | 예 |
| D5 | 비 | 보통 | 예 |
| D6 | 비 | 보통 | 아니오 |
| D7 | 흐림 | 보통 | 예 |
| D8 | 맑음 | 높음 | 아니오 |
| D9 | 맑음 | 보통 | 예 |
| D10 | 비 | 보통 | 예 |
| D11 | 맑음 | 보통 | 예 |
| D12 | 흐림 | 높음 | 예 |
| D13 | 흐림 | 보통 | 예 |
| D14 | 비 | 높음 | 아니오 |
| S맑음-습도-보통 | 부정 | 0 | |

날씨가 맑음이고 습도가 '보통': '예' 2, '아니오' 0

$S_{맑음} = [2+, 3-]$, $Entropy(S_{맑음}) = 0.971$

$S_{맑음-습도-보통} = [2+, 0-]$

$$
\begin{aligned}
&Entropy(S_{맑음-습도-보통}) \\
&= -p_{맑음-보통+} \times \log_2(p_{맑음-보통+}) \\
&\quad -p_{맑음-보통-} \times \log_2(p_{맑음-보통-}) \\
&= -\frac{2}{2}log_2(\frac{2}{5}) - \frac{0}{2}log_2(\frac{0}{5}) \\
&= 0.0
\end{aligned}
$$

"날씨 = 맑음"이면서 속성 습도의 정보 이득은 다음과 같다.

$$
\begin{aligned}
&Gain(S_{맑음}, 습도) \\
&= Entropy(S_{맑음}) - \frac{3}{5}Entropy(S_{맑음-습도-높음}) - \frac{2}{5}Entropy(S_{맑음-습도-보통}) \\
&= 0.970 - (3/5) \times 0.0 - (2/5) \times 0.0 \\
&= 0.970
\end{aligned}
$$

### (7) "날씨 = 맑음"일 때 속성 바람의 정보 이득 $G(S_{맑음}$, 바람) 계산

"날씨 = 맑음"이면서 속성 바람에 대한 정보 이득을 다음과 같이 계산한다.

| 일 | 날씨 | 바람 | 테니스 치기 |
|---|---|---|---|
| D1 | 맑음 | 약함 | 아니오 |
| D2 | 맑음 | 강함 | 아니오 |
| D3 | 흐림 | 약함 | 예 |
| D4 | 비 | 약함 | 예 |
| D5 | 비 | 약함 | 예 |
| D6 | 비 | 강함 | 아니오 |
| D7 | 흐림 | 강함 | 예 |
| D8 | 맑음 | 약함 | 아니오 |
| D9 | 맑음 | 약함 | 예 |
| D10 | 비 | 약함 | 예 |
| D11 | 맑음 | 강함 | 예 |
| D12 | 흐림 | 강함 | 예 |
| D13 | 흐림 | 약함 | 예 |
| D14 | 비 | 강함 | 아니오 |
| S맑음-바람-강함 | 긍정 | 1 | |

| 일 | 날씨 | 바람 | 테니스 치기 |
|---|---|---|---|
| D1 | 맑음 | 약함 | 아니오 |
| D2 | 맑음 | 강함 | 아니오 |
| D3 | 흐림 | 약함 | 예 |
| D4 | 비 | 약함 | 예 |
| D5 | 비 | 약함 | 예 |
| D6 | 비 | 강함 | 아니오 |
| D7 | 흐림 | 강함 | 예 |
| D8 | 맑음 | 약함 | 아니오 |
| D9 | 맑음 | 약함 | 예 |
| D10 | 비 | 약함 | 예 |
| D11 | 맑음 | 강함 | 예 |
| D12 | 흐림 | 강함 | 예 |
| D13 | 흐림 | 약함 | 예 |
| D14 | 비 | 강함 | 아니오 |
| S맑음-바람-강함 | 부정 | 1 | |

날씨가 맑음이고 바람이 '강함': '예' 1, '아니오' 1

$S_{맑음} = [2+, 3-]$, $Entropy(S_{맑음}) = 0.971$

$S_{맑음-바람-강함} = [1+, 1-]$

$$
\begin{aligned}
&Entropy(S_{맑음-바람-강함}) \\
&= -p_{맑음-강함+} \times \log_2(p_{맑음-강함+}) \\
&\quad -p_{맑음-강함-} \times \log_2(p_{맑음-강함-}) \\
&= -\frac{1}{2}log_2(\frac{1}{2}) - \frac{1}{2}log_2(\frac{1}{2}) \\
&= 1.0
\end{aligned}
$$

| 일 | 날씨 | 바람 | 테니스 치기 |
|---|---|---|---|
| D1 | 맑음 | 약함 | 아니오 |
| D2 | 맑음 | 강함 | 아니오 |
| D3 | 흐림 | 약함 | 예 |
| D4 | 비 | 약함 | 예 |
| D5 | 비 | 약함 | 예 |
| D6 | 비 | 강함 | 아니오 |
| D7 | 흐림 | 강함 | 예 |
| D8 | 맑음 | 약함 | 아니오 |
| D9 | 맑음 | 약함 | 예 |
| D10 | 비 | 약함 | 예 |
| D11 | 맑음 | 강함 | 예 |
| D12 | 흐림 | 강함 | 예 |
| D13 | 흐림 | 약함 | 예 |
| D14 | 비 | 강함 | 아니오 |
| S맑음-바람-약함 | 긍정 | 1 | |

| 일 | 날씨 | 바람 | 테니스 치기 |
|---|---|---|---|
| D1 | 맑음 | 약함 | 아니오 |
| D2 | 맑음 | 강함 | 아니오 |
| D3 | 흐림 | 약함 | 예 |
| D4 | 비 | 약함 | 예 |
| D5 | 비 | 약함 | 예 |
| D6 | 비 | 강함 | 아니오 |
| D7 | 흐림 | 강함 | 예 |
| D8 | 맑음 | 약함 | 아니오 |
| D9 | 맑음 | 약함 | 예 |
| D10 | 비 | 약함 | 예 |
| D11 | 맑음 | 강함 | 예 |
| D12 | 흐림 | 강함 | 예 |
| D13 | 흐림 | 약함 | 예 |
| D14 | 비 | 강함 | 아니오 |
| S맑음-바람-약함 | 부정 | 2 | |

날씨가 맑음이고 바람이 ‘약함’: ‘예’ 1, ‘아니오’ 2

$S_{맑음} = [2+, 3-]$, $Entropy(S_{맑음}) = 0.971$

$S_{맑음-바람-약함} = [1+, 2-]$

$$Entropy(S_{맑음-바람-약함})$$
$$= -p_{맑음-약함+} \times \log_2(p_{맑음-약함+})$$
$$- p_{맑음-약함-} \times \log_2(p_{맑음-약함-})$$
$$= -\frac{1}{3}log_2(\frac{1}{3}) - \frac{2}{3}log_2(\frac{2}{3})$$
$$= 0.918$$

“날씨 = 맑음”이면서 속성 바람에 대한 정보 이득은 다음과 같다.

$$Gain(S_{맑음}, 바람)$$
$$= Entropy(S_{맑음}) - \frac{2}{5}Entropy(S_{맑음-바람-강함}) - \frac{3}{5}Entropy(S_{맑음-바람-약함})$$
$$= 0.970 - (2/5) \times 1.0 - (3/5) \times 0.918$$
$$= 0.019$$

## (8) “날씨 = 비”일 때 속성 바람의 정보 이득 $G(S_{비}$, 바람) 계산

“날씨 = 비”이면서 속성 바람에 대한 정보 이득을 다음과 같이 계산한다.

| 일 | 날씨 | 바람 | 테니스 치기 |
|---|---|---|---|
| D1 | 맑음 | 약함 | 아니오 |
| D2 | 맑음 | 강함 | 아니오 |
| D3 | 흐림 | 약함 | 예 |
| D4 | 비 | 약함 | 예 |
| D5 | 비 | 약함 | 예 |
| D6 | 비 | 강함 | 아니오 |
| D7 | 흐림 | 강함 | 예 |
| D8 | 맑음 | 약함 | 아니오 |
| D9 | 맑음 | 약함 | 예 |
| D10 | 비 | 약함 | 예 |
| D11 | 맑음 | 강함 | 예 |
| D12 | 흐림 | 강함 | 예 |
| D13 | 흐림 | 약함 | 예 |
| D14 | 비 | 강함 | 아니오 |
| S비-바람-강함 | 긍정 | 0 | |

| 일 | 날씨 | 바람 | 테니스 치기 |
|---|---|---|---|
| D1 | 맑음 | 약함 | 아니오 |
| D2 | 맑음 | 강함 | 아니오 |
| D3 | 흐림 | 약함 | 예 |
| D4 | 비 | 약함 | 예 |
| D5 | 비 | 약함 | 예 |
| D6 | 비 | 강함 | 아니오 |
| D7 | 흐림 | 강함 | 예 |
| D8 | 맑음 | 약함 | 아니오 |
| D9 | 맑음 | 약함 | 예 |
| D10 | 비 | 약함 | 예 |
| D11 | 맑음 | 강함 | 예 |
| D12 | 흐림 | 강함 | 예 |
| D13 | 흐림 | 약함 | 예 |
| D14 | 비 | 강함 | 아니오 |
| S비-바람-강함 | 부정 | 2 | |

날씨가 비이고 바람이 ‘강함’: ‘예’ 0, ‘아니오’ 2

$S_{비} = [3+, 2-]$, $Entropy(S_{비}) = 0.971$

$S_{비-바람-강함} = [0+, 2-]$

$$Entropy(S_{비-바람-강함})$$
$$= -p_{비-강함+} \times \log_2(p_{비-강함+})$$
$$- p_{비-강함-} \times \log_2(p_{비-강함-})$$
$$= -\frac{0}{2}log_2(\frac{0}{2}) - \frac{2}{2}log_2(\frac{2}{2})$$
$$= 0.0$$

| 일 | 날씨 | 바람 | 테니스 치기 |
|---|---|---|---|
| D1 | 맑음 | 약함 | 아니오 |
| D2 | 맑음 | 강함 | 아니오 |
| D3 | 흐림 | 약함 | 예 |
| D4 | 비 | 약함 | 예 |
| D5 | 비 | 약함 | 예 |
| D6 | 비 | 강함 | 아니오 |
| D7 | 흐림 | 강함 | 예 |
| D8 | 맑음 | 약함 | 아니오 |
| D9 | 맑음 | 약함 | 예 |
| D10 | 비 | 약함 | 예 |
| D11 | 맑음 | 강함 | 예 |
| D12 | 흐림 | 강함 | 예 |
| D13 | 흐림 | 약함 | 예 |
| D14 | 비 | 강함 | 아니오 |
| S비-바람-약함 | 긍정 | 3 | |

| 일 | 날씨 | 바람 | 테니스 치기 |
|---|---|---|---|
| D1 | 맑음 | 약함 | 아니오 |
| D2 | 맑음 | 강함 | 아니오 |
| D3 | 흐림 | 약함 | 예 |
| D4 | 비 | 약함 | 예 |
| D5 | 비 | 약함 | 예 |
| D6 | 비 | 강함 | 아니오 |
| D7 | 흐림 | 강함 | 예 |
| D8 | 맑음 | 약함 | 아니오 |
| D9 | 맑음 | 약함 | 예 |
| D10 | 비 | 약함 | 예 |
| D11 | 맑음 | 강함 | 예 |
| D12 | 흐림 | 강함 | 예 |
| D13 | 흐림 | 약함 | 예 |
| D14 | 비 | 강함 | 아니오 |
| S비-바람-약함 | 부정 | 0 | |

날씨가 비이고 바람이 '약함': '예' 0, '아니오' 2

$S_{비} = [3+, 2-], \ Entropy(S_{비}) = 0.971$

$S_{비-바람-약함} = [3+, 0-]$

$$
\begin{aligned}
& Entropy(S_{비-바람-강함}) \\
& = -p_{비-약함+} \times \log_2(p_{비-약함+}) \\
& \quad - p_{비-약함-} \times \log_2(p_{비-약함-}) \\
& = -\frac{3}{3} log_2(\frac{3}{3}) - \frac{0}{3} log_2(\frac{0}{3}) \\
& = 0.0
\end{aligned}
$$

"날씨 = 비"이면서 속성 바람에 대한 정보 이득은 다음과 같다.

$$
\begin{aligned}
& Gain(S_{비}, 바람) \\
& = Entropy(S_{비}) - \frac{2}{5} Entropy(S_{비-바람-강함}) - \frac{3}{5} Entropy(S_{비-바람-약함}) \\
& = 0.971 - (2/5) \times 0.0 - (3/5) \times 0.0 \\
& = 0.971
\end{aligned}
$$

"날씨 = 맑음"과 "날씨 = 비"에 대한 습도와 바람 속성의 정보 이득을 요약하면 〈표 Ⅱ-4〉와 같다. 정보 이득을 비교하면 〈그림 Ⅱ-19〉의 결정트리에서 "날씨 = 비"에 바람 속성을, "날씨 = 맑음"에 습도 속성의 노드가 추가되고 이들의 자손 노드는 엔트로피가 0으로 리프 노드가 된다.

〈표 Ⅱ-4〉 날씨-습도와 날씨-바람의 정보 이득

| 날씨 | 속성 | 값 | 긍정 분류 수 {일} | 부정 분류 수 {일} | 정보 이득 |
|---|---|---|---|---|---|
| 맑음 | 습도 | 높음 | 0+ | 3- {D1, D2, D8} | 0.970 |
| | | 보통 | 2+ {D9, D11} | 0- | |
| | 바람 | 강함 | 1+ {D11} | 1- {D2} | 0.019 |
| | | 약함 | 1+ {D9} | 2- {D1, D8} | |
| 비 | 바람 | 강함 | 0+ | 2- {D6, D14} | 0.971 |
| | | 약함 | 3+ {D4, D5, D10} | 0- | |

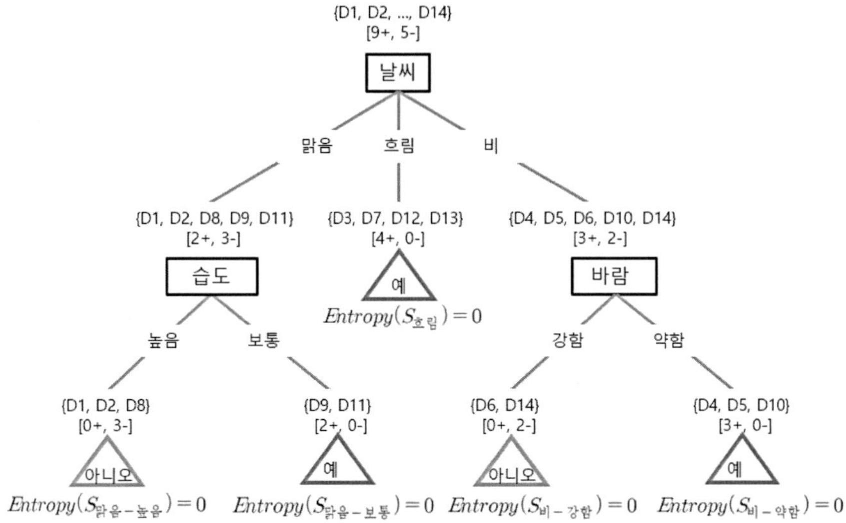


〈그림 Ⅱ-19〉 "테니스 치기"에 대한 의사결정트리

엔트로피 외에 불순도의 지표로 지니 계수(gini index)도 많이 사용된다. 지니 계수는 경제적 불평등을 표현하는 방법인데 1에 가까울수록 불평등을, 0에 가까울수록 평등함을 의미한다. 의사결정트리에서 지니 계수를 최대한 낮출 수 있도록 속성(입력 변수)의 분할 기준을 선정하고 자식 노드를 생성한다. 지니 계수가 낮을수록 순수도는 높고 분리가 잘 이루어진 것으로 본다. 정보 이득과 지니 계수를 모두 사용한다면 정보 이득이 높고 지니 계수가 낮은 분할 기준을 생성해 분할을 시작한다. 이런 과정은 더 이상 분할될 데이터가 없을 때까지 반복된다.

$$Gini(S) = 1 - \sum_{i=1}^{c} p_i^2,$$

$S$는 데이터 수, $c$는 클래스 수, $p_i$는 데이터가 $i$번째 클래스에 속할 확률

의사결정트리에서도 지니 계수가 0에 가까울수록 불순도가 낮아 좋다. 예로, 클래스 A에 속한 데이터가 0개, 클래스 B에 속한 데이터가 5개이면 전체 데이터 5개 중에 클래스 A에 속할 확률 $p_A = \frac{0}{5} = 0$, 클래스 B에 속할 확률 $p_B = \frac{5}{5} = 1$이다. 지니 계수를 계산하면 $1 - 0^2 + 1^2 = 0$이 된다.

의사결정트리의 학습 과정은 속성(입력 변수)의 영역을 두 개로 구분하는 재귀적 분기(recursive partitioning)와 지나치게 세분화된 영역을 통합하는 가지치기(pruning)로 이

루어진다. 모든 리프(말단) 노드의 순도가 100%인 상태(모든 노드가 순수 노드)가 될 때까지 분할하면 훈련 데이터에 대해서는 모델의 정확도가 100%일 수 있지만 훈련에 사용되지 않은 데이터에 대해서는 그 성능이 떨어진다. 이런 경우를 과대적합(overfitting)되었다고 한다. 과대적합은 훈련 데이터에 과도하게 학습되어 지나치게 복잡한 모델(트리)이 생성된 것을 말한다. 이는 시험 데이터에 대해서는 오차가 증가해서 일반화된 모델로 사용할 수 없는 상태를 말한다. 의사결정트리에서는 과대적합을 방지하는 수단으로 가지치기를 사용한다. 가지치기를 위해 다음과 같은 하이퍼 매개변수를 사용한다.

- 리프의 최소 자료 수(min_samples_leaf): 리프 노드가 되는데 필요한 최소 샘플 데이터 수를 지정하는 것으로 증가하면 분할 조건이 엄격해져서 과대적합 방지에 기여
- 분할 노드의 최소 자료 수(min_samples_split): 노드를 분할하기 위한 최소 샘플 데이터 수를 지정하는 것으로 최소 자료 수가 증가하면 분리 조건이 엄격해져서 과대적합 방지에 기여
- 최대 깊이(max_depth): 트리의 최대 깊이를 지정하는 것으로 최대 깊이가 깊어질수록 과대적합 가능성이 증가

의사결정트리의 장점은 다음과 같다.

- 트리를 시각화 할 수 있어, 이해하고 해석하기 쉽다.
- 데이터의 정규화, 더미 변수 생성이나 공백 값 제고와 같은 데이터의 사전 처리가 필요 없다.
- 숫자 및 범주 데이터를 모두 처리할 수 있다. 단, scikit-learn에서 구현된 현재 버전은 범주형 변수를 지원하지 않는다.
- 다중 출력 문제를 처리할 수 있다.
- 통계적인 시험을 통해 모델의 신뢰성을 검증할 수 있다.

의사결정트리의 단점은 다음과 같다.

- 일반화되지 않은 지나치게 복잡한 트리가 되지 않게 하려면(즉, 과대적합을 피하려면) 가지치기, 리프 노드에 필요한 최소 샘플 수 또는 트리의 최대 깊이를 적정하게 지정해야 한다.
- 데이터의 작은 변동으로 인해 완전히 다른 트리가 생성될 수 있어서 의사결정트리가 불안정할 수 있는데, 이는 앙상블 의사결정트리를 사용해 완화시킬 수 있다.

- 실용적인 의사결정트리 학습 알고리즘은 각 노드에서 국부적으로 최적의 결정을 내리는 탐욕 알고리즘과 같은 휴리스틱 알고리즘을 기반으로 하며, 이런 알고리즘은 전역적으로 최적한 의사결정트리의 반환을 보증하지 못한다. 이는 앙상블 학습기에서 다수 트리를 훈련시킴으로써 완화될 수 있으며, 이 때 특징과 샘플은 무작위로 선택된다.

## 5.2 사이킷런(sklearn)의 분류 의사결정트리

사이킷런 트리 패키지의 DecisionTreeClassifier를 사용해 의사결정트리 분류 모델을 만들고 평가한다. 완성된 모델을 C 코드로 변환하고 아두이노에서 분류를 위한 추론 코드를 작성한다. 〈표 Ⅱ-5〉는 sklearn의 DecisionTreeClassifier의 주요 하이퍼 매개변수이고 이 중 min_samples_split, min_samples_leaf 및 max_depth가 과대적합을 방지하는데 중요하다.

〈표 Ⅱ-5〉 의사결정트리의 하이퍼 매개변수

| 파라미터 명 | 설명 |
|---|---|
| min_samples_split | 노드를 분할하기 위한 최소한의 샘플 데이터 수를 지정. 값이 작을수록 분할 노드 수가 많아져 과대적합 가능성이 증가한다. 기본 값은 2이다. |
| min_samples_leaf | 리프 노드가 되는데 필요한 최소 샘플 데이터 수로 과대적합 제어에 사용. 불균형 데이터의 경우 특정 클래스의 데이터가 극도로 작을 수 있으므로 작은 값으로 설정한다. |
| max_depth | 트리의 최대 깊이를 지정, 기본 값은 None으로 완벽하게 클래스 값이 결정될 때까지 분할하거나 데이터 수가 min_samples_split보다 작아질 때까지 분할한다. 트리의 깊이가 깊어질수록 과대적합 가능성은 커진다. |
| max_leaf_nodes | 리프 노드의 최대 수 |
| max_features | 최적한 분할을 위해 고려할 최대 특징(속성)의 수<br>- 기본 값은 none으로 데이터 세트의 모든 특징을 사용<br>- sqrt 또는 auto : √(전체 특징 수)로 지정<br>- log : log2(전체 특징 수)로 지정 |

## 5.2.1 데이터 준비

scikit-learn에서 제공하는 유방암 데이터를 사용한다. 입력 변수(특징)는 30개, 출력(타겟) 변수는 1개이고 타겟 값(클래스)은 악성(malignant) 또는 양성(benign)을 갖는다.

```
from sklearn.datasets import load_breast_cancer

# 유방암 데이터 세트
cancer = load_breast_cancer()

print(dir(cancer))
```

```
['DESCR', 'data', 'feature_names', 'filename', 'target', 'target_names']
```

```
# 30개의 특징(입력 변수)
print(cancer['feature_names'].shape[0])
print(cancer['feature_names'])
```

```
30
['mean radius' 'mean texture' 'mean perimeter' 'mean area'
 'mean smoothness' 'mean compactness' 'mean concavity'
 'mean concave points' 'mean symmetry' 'mean fractal dimension'
 'radius error' 'texture error' 'perimeter error' 'area error'
 'smoothness error' 'compactness error' 'concavity error'
 'concave points error' 'symmetry error' 'fractal dimension error'
 'worst radius' 'worst texture' 'worst perimeter' 'worst area'
 'worst smoothness' 'worst compactness' 'worst concavity'
 'worst concave points' 'worst symmetry' 'worst fractal dimension']
```

```
# 타겟(출력)의 범주(클래스): 양성, 악성
print(cancer['target_names'].shape[0])
print(cancer['target_names'])
```

```
2
['malignant' 'benign']
```

```
# 입출력 데이터 차원
print(cancer['data'].shape, cancer['target'].shape)
```

```
(569, 30) (569,)
```

```
# 데이터의 세부사항
print(cancer.DESCR)
```

```
.. _breast_cancer_dataset:

Breast cancer wisconsin (diagnostic) dataset
--------------------------------------------
**Data Set Characteristics:**
    :Number of Instances: 569
    :Number of Attributes: 30 numeric, predictive attributes and the class
    :Attribute Information:
        - radius (mean of distances from center to points on the perimeter)
        - texture (standard deviation of gray-scale values)
        - perimeter
        - area
        - smoothness (local variation in radius lengths)
        - compactness (perimeter^2 / area - 1.0)
        - concavity (severity of concave portions of the contour)
        - concave points (number of concave portions of the contour)
        - symmetry
        - fractal dimension ("coastline approximation" - 1)

        The mean, standard error, and "worst" or largest (mean of the three
        largest values) of these features were computed for each image,
        resulting in 30 features.  For instance, field 3 is Mean Radius, field
        13 is Radius SE, field 23 is Worst Radius.

        - class:
                - WDBC-Malignant
                - WDBC-Benign
. . .
```

## 5.2.2 데이터 분할

준비된 데이터를 훈련용(60%), 검증용(20%) 및 테스트(20%)용으로 분할한다.

```
import numpy as np
import matplotlib.pyplot as plt

x = cancer['data']
y = cancer['target']
SAMPLES = x.shape[0]

print(x.shape)
# 분할 지점 지정
TRAIN_SPLIT =  int(0.6 * SAMPLES)  # 검증 데이터 시작 위치 지정
TEST_SPLIT = int(0.2 * SAMPLES + TRAIN_SPLIT) # 테스트 데이터 시작 위치 지정

# 두개의 인덱스를 기준으로 데이터를 3개로 분할
x_train, x_validate, x_test = np.split(x, [TRAIN_SPLIT, TEST_SPLIT])
y_train, y_validate, y_test = np.split(y, [TRAIN_SPLIT, TEST_SPLIT])

# 분할된 데이터 크기 출력
print(x_train.shape, x_validate.shape, x_test.shape)
print(y_train.shape, y_validate.shape, y_test.shape)

# 분할된 데이터를 각지 다른 색으로 표시
fig,axes = plt.subplots(5,6,figsize=[12,16])
fig.suptitle('mean radius vs others', fontsize=16)
for i in range(x.shape[1]):
    ax=axes.ravel()[i]  # ravel(): 다차원 배열 → 1차원 배열,
    ax.scatter(x[:,0],x[:,i], c=y, cmap='winter', alpha=0.5)
    ax.set_title(cancer.feature_names[i]+('₩n(%d)' % i))
    ax.set_axis_off()

# 1D -> 2D 배열로 변환
x_train = x_train.reshape(-1,x.shape[1]) # reshape(): 1차원 배열 → 다차원 배열
y_train = y_train.reshape(-1,1)
x_validate = x_validate.reshape(-1,x.shape[1])
y_validate = y_validate.reshape(-1,1)
```

```
x_test = x_test.reshape(-1,x.shape[1])
y_test = y_test.reshape(-1,1)
print(x_train.shape, x_validate.shape, x_test.shape)
print(y_train.shape, y_validate.shape, y_test.shape)
```

```
(569, 30)
(341, 30) (113, 30) (115, 30)
(341,) (113,) (115,)
(341, 30) (113, 30) (115, 30)
(341, 1) (113, 1) (115, 1)
```

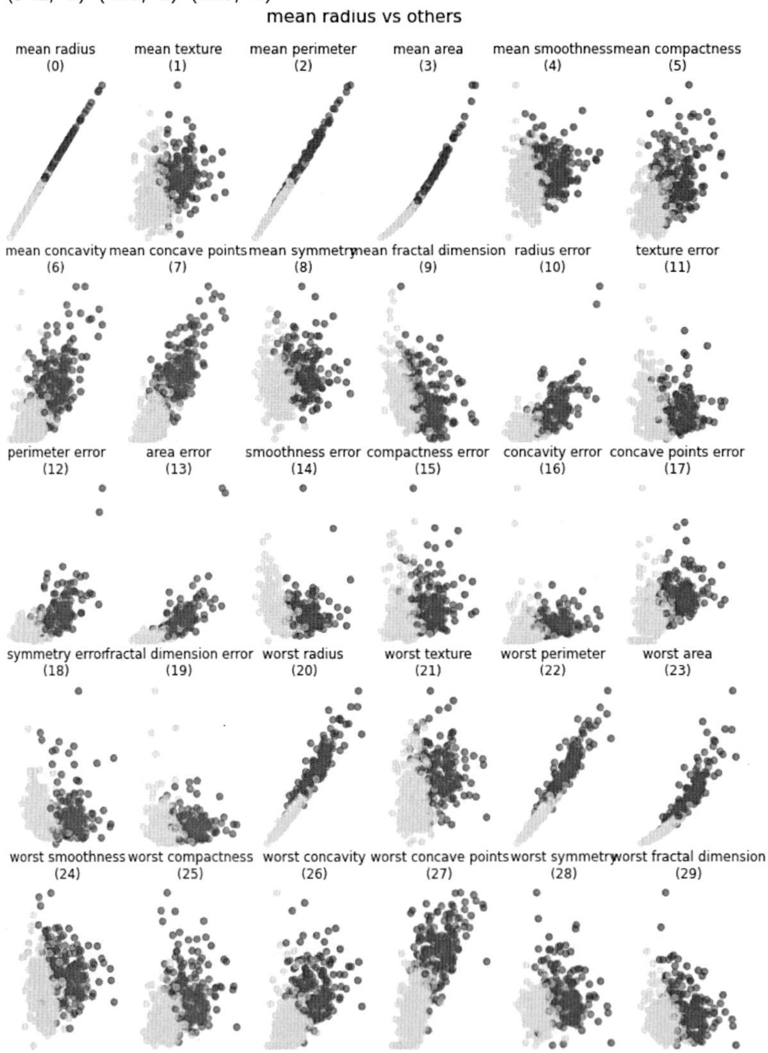

## 5.2.3 분류 의사결정트리의 구축

### 1) 분류 의사결정트리 모델의 학습

sklearn 트리 패키지의 DecisionTreeClassfier를 사용하여 모델을 구축한다.

```
from sklearn.tree import DecisionTreeClassifier

dt_clf = DecisionTreeClassifier(criterion='entropy', max_depth=4, min_samples_leaf=2,
                                min_samples_split=2, random_state = 0)
dt_clf.fit(x_train, y_train)
```

```
DecisionTreeClassifier(ccp_alpha=0.0, class_weight=None, criterion='entropy',
                       max_depth=4, max_features=None, max_leaf_nodes=None,
                       min_impurity_decrease=0.0, min_impurity_split=None,
                       min_samples_leaf=2, min_samples_split=2,
                       min_weight_fraction_leaf=0.0, presort='deprecated',
                       random_state=0, splitter='best')
```

### 2) 분류 의사결정트리 모델의 평가

이항 분류기의 성능 평가하기 위한 지표로 Accuracy(정확도), Precision(정밀도)와 Recall(재현율)을 사용한다(3.2.2절 참조).

- Accuracy(정확도) : $Accuracy = \dfrac{TP+TN}{TP+FN+FP+TN}$
- Precision(정밀도) : $Precision = \dfrac{TP}{TP+FP}$
- Recall(재현율) : $Recall = \dfrac{TP}{TP+FN}$

다항 분류인 경우 다음과 같은 지표를 사용한다.

- F1-score(재현율) : 정밀도와 재현율의 조화 평균

$$F1-score = \frac{2 \times Precision \times Recall}{Precision + Recall} = \frac{2TP}{2TP+FP+FN}$$

- Micro F1: F1-score를 계산
- Macro F1: 개별 클래스의 F1-score를 계산하고 이를 평균
- 가중 평균 F1: 개별 클래스의 F1-score에 개별 클래스의 샘플 비율을 가중치로 곱함

사이킷런 metrics 패키지의 confusion_matrix()를 사용해 학습된 분류 모델의 성능을 평가한다.

```
from sklearn.metrics import confusion_matrix

# 훈련 데이터에 대한 추론
y_train_pred = dt_clf.predict(x_train)

[[TN, FP], [FN, TP]] = confusion_matrix(y_train, y_train_pred)
#TN, FP, FN, TP = confusion_matrix(y_train, y_train_pred).ravel()
print('--------- Train ---------')
print('True Positive(TP)={:3d}, False Positive(FP)={:3d}, True Negative(TN)={:3d},
      False Negative(FN)={:3d} '.format(TP, FP, TN, FN))
accuracy = (TP+TN) / (TP+FP+TN+FN)
precision = TP / (TP+FP)
recall = TP / (TP+FN)
print('Accuracy={:0.3f}, Precision={:0.3f}, Recall={:0.3f}'.format(accuracy, precision, recall))

# 검증 데이터에 대한 추론
y_validate_pred = dt_clf.predict(x_validate)
TN, FP, FN, TP = confusion_matrix(y_validate, y_validate_pred).ravel()

print('--------- Validate ---------')
print('True Positive(TP)= {:3d}, False Positive(FP)={:3d}, True Negative(TN)={:3d},
      False Negative(FN)={:3d} '.format(TP, FP, TN, FN))
accuracy = (TP+TN) / (TP+FP+TN+FN)
precision = TP / (TP+FP)
recall = TP / (TP+FN)
print('Accuracy={:0.3f}, Precision={:0.3f}, Recall={:0.3f}'.format(accuracy, precision, recall))
```

```
# 시험 데이터에 대한 추론
y_test_pred = dt_clf.predict(x_test)
TN, FP, FN, TP = confusion_matrix(y_test, y_test_pred).ravel()

print('--------- Test ---------')
print('True Positive(TP)={:3d}, False Positive(FP)={:3d}, True Negative(TN)={:3d},
      False Negative(FN)={:3d} '.format(TP, FP, TN, FN))
accuracy = (TP+TN) / (TP+FP+TN+FN)
precision = TP / (TP+FP)
recall = TP / (TP+FN)
print('Accuracy={:0.3f}, Precision={:0.3f}, Recall={:0.3f}'.format(accuracy, precision, recall))
```

```
--------- Train ---------
True Positive(TP)=183, False Positive(FP)=1, True Negative(TN)=156, False Negative(FN)=1
Accuracy=0.994, Precision=0.995, Recall=0.995
--------- Validate ---------
True Positive(TP)=79, False Positive(FP)=1, True Negative(TN)=28, False Negative(FN)=5
Accuracy=0.947, Precision=0.988, Recall=0.940
--------- Test ---------
True Positive(TP)=76, False Positive(FP)=2, True Negative(TN)=24, False Negative(FN)=13
Accuracy=0.870, Precision=0.974, Recall=0.854
```

학습된 의사결정트리를 표시하기 위해 사이킷런 트리 패키지의 export_graphviz()를 사용한다.

```
from sklearn.tree import export_graphviz
import pydot # dot 파일을 png로 변환

export_graphviz(dt_clf, out_file="cancer_DecisionTree.dot", class_names=cancer.target_names,
                feature_names=cancer.feature_names, impurity=False, filled=True)

# 인코딩이 중요
(graph,) = pydot.graph_from_dot_file("cancer_DecisionTree.dot", encoding='utf8')
# dot 파일을 png 이미지로 저장
graph.write_png("cancer_DecisionTree.png")
```

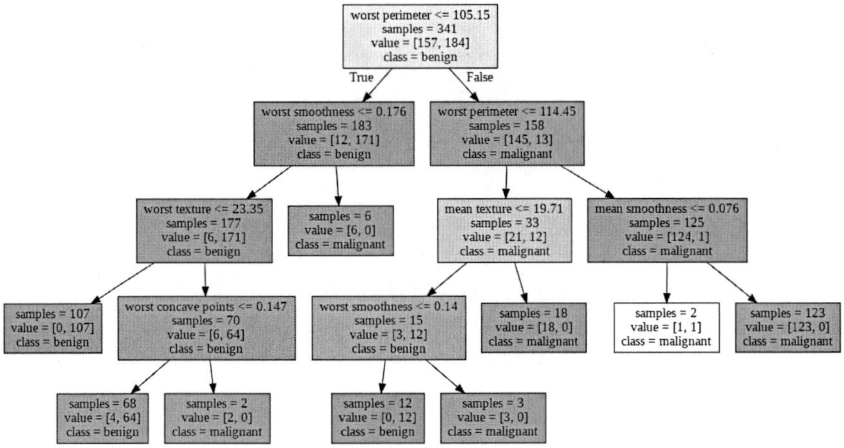


## 5.2.4 아두이노용 분류 의사결정트리

앞에서 학습된 의사결정트리를 사용해 아두이노에서 분류를 위한 추론이 가능하도록 한다.

### 1) 분류 의사결정트리의 변환

#### (1) 아두이노 변수 정의

입력 변수(특징)의 수, 출력(타겟) 변수의 수, 출력(타겟)의 클래스(범주) 수를 설정하는 명령문을 DecisionTreeClassifier.h 헤더 파일에 추가하기 위해 다음 코드를 실행한다.

```
print("const uint8_t N_FEATURES =", x_train.shape[1],";") # cancer['data'].shape[1]
print("const uint8_t N_OUTPUT =", y_train.shape[1],";")
print("const uint8_t N_CLASS =", cancer['target_names'].shape[0],";")
```

```
const uint8_t N_FEATURES = 30 ;
const uint8_t N_OUTPUT = 1 ;
const uint8_t N_CLASS = 2 ;
```

실행 결과를 복사하여 다음과 같이 문자열 변수 code1에 저장한다.

```
code1 = """
const uint8_t N_FEATURES = 30 ;
const uint8_t N_OUTPUT = 1 ;
const uint8_t N_CLASS = 2 ;
"""
print(code1)
```

```
const uint8_t N_FEATURES = 30 ;
const uint8_t N_OUTPUT = 1 ;
const uint8_t N_CLASS = 2 ;
```

### (2) 학습된 이항 분류 의사결정트리를 C 코드로 변환

먼저 코드 변환에 사용할 함수를 갖는 패키지(micromlgen)를 다음과 같이 설치한다.

```
pip install micromlgen
```

```
Collecting micromlgen
  Downloading micromlgen-1.1.23.tar.gz (11 kB)
  . . .

Installing collected packages: micromlgen
Successfully installed micromlgen-1.1.23
```

micromlgen 패키지의 port()는 학습된 의사결정트리를 C 코드로 변환하는 함수이다. 이 함수의 반환 값을 출력하면 변환된 코드를 볼 수 있다.

```
from micromlgen import port

print(port(dt_clf))
```

```
#pragma once
#include <cstdarg>
namespace Eloquent {
    namespace ML {
        namespace Port {
            class DecisionTree {
                public:
                    /**
                    * Predict class for features vector
                    */
                    int predict(float *x) {
                        if (x[22] <= 105.1500015258789) {
                            if (x[24] <= 0.17589999735355377) {
                                if (x[21] <= 23.34999942779541) {
                                    return 1;
                    . . .

                    }
                protected:
                };
            }
        }
    }
```

print(port()) 명령문 실행 후 출력되는 코드에서 int predict(float *x){ } 코드를 복사하여 문자열 변수 code2에 저정한다.

```
code2 = """
int predict(float *x) {
    if (x[22] <= 105.1500015258789) {
        if (x[24] <= 0.17589999735355377) {
            if (x[21] <= 23.34999942779541) {
                return 1;
            }
            else {
                if (x[27] <= 0.1467999964952469) {
                    return 1;
                }
                else {
```

```
                        return 0;
                    }
                }
            }
            else {
                return 0;
            }
        }
        else {
            if (x[22] <= 114.45000076293945) {
                if (x[1] <= 19.710000038146973) {
                    if (x[24] <= 0.13985000550746918) {
                        return 1;
                    }
                    else {
                        return 0;
                    }
                }
                else {
                    return 0;
                }
            }
            else {
                if (x[4] <= 0.07642500102519989) {
                    return 0;
                }
                else {
                    return 0;
                }
            }
        }
}
"""
```

다음 코드를 실행하여 헤더 파일을 생성한다. 코랩에서 아래와 같이 생성된 파일을 볼 수 있다.

```
with open("DecisionTreeClassifier.h", "w+") as fp:
  fp.write(code1)
  fp.write(code2)
```

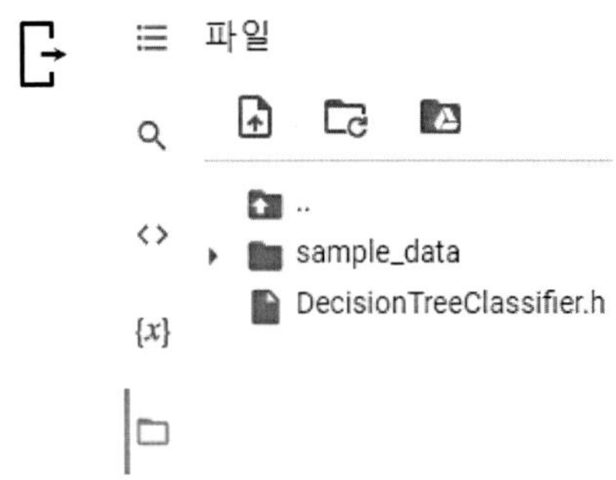


완성된 헤더 파일은 〈그림 Ⅱ-20〉과 같다.

```
const uint8_t N_FEATURES = 30 ;
const uint8_t N_OUTPUT = 1 ;
const uint8_t N_CLASS = 2 ;

int predict(float *x) {
   if (x[22] <= 105.1500015258789) {
      if (x[24] <= 0.17589999735355377) {
         if (x[21] <= 23.34999942779541) {
            return 1;
         }
         else {
            if (x[27] <= 0.1467999964952469) {
               return 1;
            }
            else {
               return 0;
            }
         }
      }
      else {
         return 0;
      }
   }
   else {
      if (x[22] <= 114.45000076293945) {
         if (x[1] <= 19.710000038146973) {
            if (x[24] <= 0.13985000550746918) {
               return 1;
            }
            else {
               return 0;
            }
         }
         else {
            return 0;
         }
      }
      else {
         if (x[4] <= 0.07642500102519989) {
            return 0;
         }
         else {
            return 0;
         }
      }
   }
}
```

〈그림 Ⅱ-20〉 헤더 파일 DecisionTreeClassifier.h

## 2) 아두이노에서 분류 의사결정트리의 추론

추론 결과(0 또는 1)에 따라 LED의 점등을 표시하기 위한 코드를 작성한다. 코드에 헤더 파일(DecisionTreeClassifier.h)을 포함하고 추론에 사용할 입력 변수는 배열로 선언하고 초기값을 준다. 이들을 변수 code에 문자열로 저장하고 이 변수의 내용을 아두이노 파일에 쓴다.

```
code = “”“
#include "DecisionTreeClassifier.h"

void setup(){
  Serial.begin(9600);
  pinMode(13, OUTPUT);
}

void loop(){
     // input: features
     float input[N_FEATURES] =
          {1.981e+01, 2.215e+01, 1.300e+02, 1.260e+03, 9.831e-02, 1.027e-01, 1.479e-01,
           9.498e-02, 1.582e-01, 5.395e-02, 7.582e-01, 1.017e+00, 5.865e+00, 1.124e+02,
           6.494e-03, 1.893e-02, 3.391e-02, 1.521e-02, 1.356e-02, 1.997e-03, 2.732e+01,
           3.088e+01, 1.868e+02, 2.398e+03, 1.512e-01, 3.150e-01, 5.372e-01, 2.388e-01,
           2.768e-01, 7.615e-02};     // 출력 0

     // output: 추론
     int inference = predict(input);

    Serial.println(inference);
    // 추론 결과에 따른 LED 점등
    if(inference == 0){
        digitalWrite(13, LOW); // 소등
    }
    else {
        digitalWrite(13, HIGH); // 점등
    }
    delay(100);
}
”“”
```

```
with open("DecisionTreeClassifier.ino", "w+") as fp:
  fp.write(code)
```

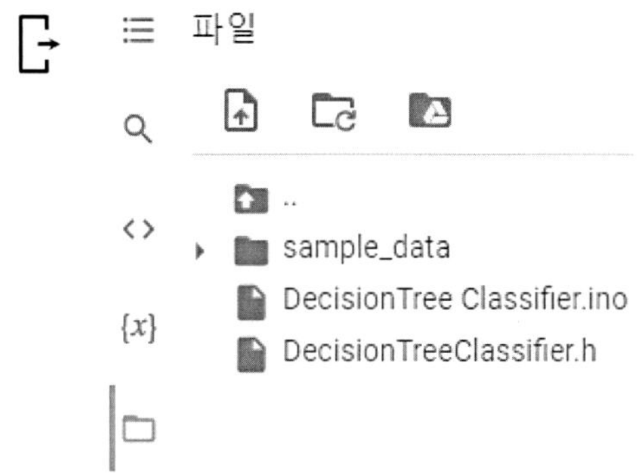


생성된 파일(DecisionTreeClassifier.ino)의 아두이노 추론 스케치는 〈그림 Ⅱ-21〉과 같다.

DecisionTreeClassifier § | DecisionTreeClassifier.h

```
#include "DecisionTreeClassifier.h"

void setup(){
  Serial.begin(9600);
  pinMode(13, OUTPUT);
}

void loop(){
    // input: features
    float input[N_FEATURES] =
         {1.981e+01, 2.215e+01, 1.300e+02, 1.260e+03, 9.831e-02, 1.027e-01, 1.479e-01,
          9.498e-02, 1.582e-01, 5.395e-02, 7.582e-01, 1.017e+00, 5.865e+00, 1.124e+02,
          6.494e-03, 1.893e-02, 3.391e-02, 1.521e-02, 1.356e-02, 1.997e-03, 2.732e+01,
          3.088e+01, 1.868e+02, 2.398e+03, 1.512e-01, 3.150e-01, 5.372e-01, 2.388e-01,
          2.768e-01, 7.615e-02};   // 출력 0

    // output: 추론
    int inference = predict(input);

   Serial.println(inference);
   // 추론 결과에 따른 LED 점등
   if(inference == 0){
      digitalWrite(13, LOW); // 소등
   }
   else {
      digitalWrite(13, HIGH); // 점등
   }
   delay(100);
}
```

〈그림 Ⅱ-21〉 아두이노 분류 의사결정트리의 추론 스케치

## 5.3 회귀 의사결정트리

회귀 트리는 연속적인 값을 예측하는데 사용된다. 회귀 트리에서 예측 값은 말단 노드 내의 모든 결과를 평균한 값으로 정의된다. 분류 의사결정트리에서 분할 기준으로 엔트로피나 지니 계수를 사용하지만, 회귀 의사결정트리에서는 분할 기준으로 예측 값과 실제 값 사이의 오차를 최소화하는 평균제곱오차(Mean Squared Error: MSE)나 평균절대오차(Mean Absolute Error: MAE)를 사용한다.

$$MSE = \frac{1}{n}\sum_{i=1}^{n}\left(y_i - y_i^*\right)^2,$$

$n$은 데이터 수, $y_i$는 실제 값, $y_i^*$는 의사결정트리의 예측 값

$$MAE = \frac{1}{n}\sum_{i=1}^{n}\left|y_i - y_i^*\right|,$$

$n$은 데이터 수, $y_i$는 실제 값, $y_i^*$는 의사결정트리의 예측 값

부모 노드의 오차를 가장 많이 줄이는 속성(입력 변수)과 분할 값을 기준으로 자식 노드를 형성한다. 〈그림 Ⅱ-22〉는 회귀 의사결정트리에서 최대 깊이(max depth)를 2와 5로 한 경우를 비교한 것이다. 2인 경우 데이터의 평균적인 값을 추종하지만 5인 경우 예외적인 데이터까지 추종하는 것을 볼 수 있다. 최대 깊이가 증가할수록 과대적합이 발생할 가능성이 증가하는 것을 볼 수 있다.

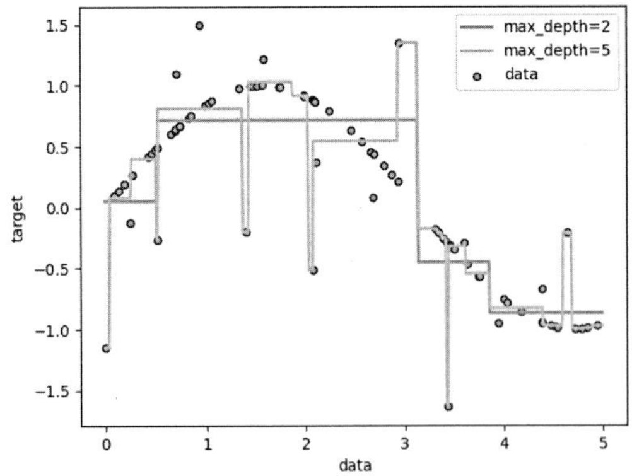


〈그림 Ⅱ-22〉 의사결정트리 회귀
https://scikit-learn.org/stable/modules/tree.html

# 5.4 사이킷런(sklearn)의 회귀 의사결정트리

## 5.4.1 데이터 준비

회귀 의사결정트리에 사용할 데이터를 다음과 같이 준비한다.

- 넘파이를 사용해 0 ~ 2*pi 사이에서 임의의 x 값을 균일 분포로 200개 생성한다.
- y = x + 2.5*sin(x)를 계산한다.
- 생성된 데이터(x, y)를 그래프로 표시한다.

```
import numpy as np
import math
import matplotlib.pyplot as plt

# 데이터 샘플 수 지정
SAMPLES = 200

# 시드 값을 지정, 실행할 때마다 다른 랜덤 패턴을 얻도록 함
SEED = 1
np.random.seed(SEED)

# 사인 값 발생을 위한 0 ~ 2π 범위의 x 값을 균일 분포 난수로 생성
x = np.random.uniform(low=0, high=2*math.pi, size=SAMPLES).astype(np.float32)

# 사인 값을 계산
y = x + 2.5*np.sin(x).astype(np.float32)

# 데이터를 그래프로 표현. 인수 'b.'는 파란색 도트로 그리도록 함
plt.plot(x, y, 'b.')
plt.show()
```

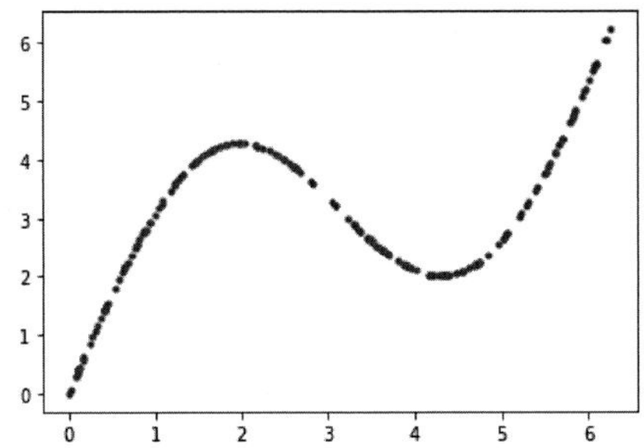


- y에 잡음을 추가하고 데이터 x, y의 그래프를 그린다.

```
# y 값에 무작위로 작은 값을 더함
y += 1.*np.random.random(SAMPLES)  # 가우시안 정규 분표


# 그래프로 표현
plt.plot(x, y, 'b.')
plt.show()
```

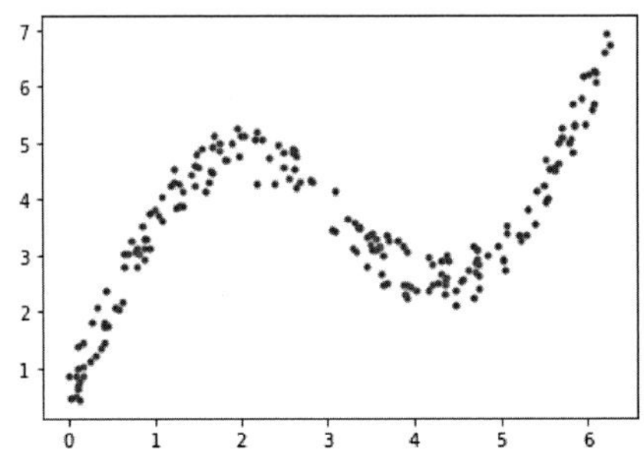

## 5.4.2 데이터 분할

준비된 데이터를 훈련(60%), 검증(20%) 및 시험(20%)용으로 분할한다.

```
# 분할 지점 지정
TRAIN_SPLIT =  int(0.6 * SAMPLES)  # 검증 데이터 시작 위치 지정
TEST_SPLIT = int(0.2 * SAMPLES + TRAIN_SPLIT) # 테스트 데이터 시작 위치 지정

# 데이터 분할을 위해 np.split()을 사용
# np.split()의 둘째 인수는 데이터가 분할될 인덱스를 배열로 표현
# 두개의 인덱스를 기준으로 데이터를 3개로 분할
x_train, x_validate, x_test = np.split(x, [TRAIN_SPLIT, TEST_SPLIT])
y_train, y_validate, y_test = np.split(y, [TRAIN_SPLIT, TEST_SPLIT])

# 분할된 데이터 크기 출력
print(x_train.shape, x_validate.shape, x_test.shape)
print(y_train.shape, y_validate.shape, y_test.shape)

# 분할된 데이터를 각지 다른 색으로 표시
plt.plot(x_train, y_train, 'b.', label="Train")
plt.plot(x_test, y_test, 'r.', label="Test")
plt.plot(x_validate, y_validate, 'y.', label="Verification")
plt.legend()
plt.show()

# 1D -> 2D 배열로 변환
x_train = x_train.reshape(-1,1)
y_train = y_train.reshape(-1,1)
x_validate = x_validate.reshape(-1,1)
y_validate = y_validate.reshape(-1,1)
x_test = x_test.reshape(-1,1)
y_test = y_test.reshape(-1,1)
print(x_train.shape, x_validate.shape, x_test.shape)
print(y_train.shape, y_validate.shape, y_test.shape)
```

```
(120,) (40,) (40,)
(120,) (40,) (40,)
```

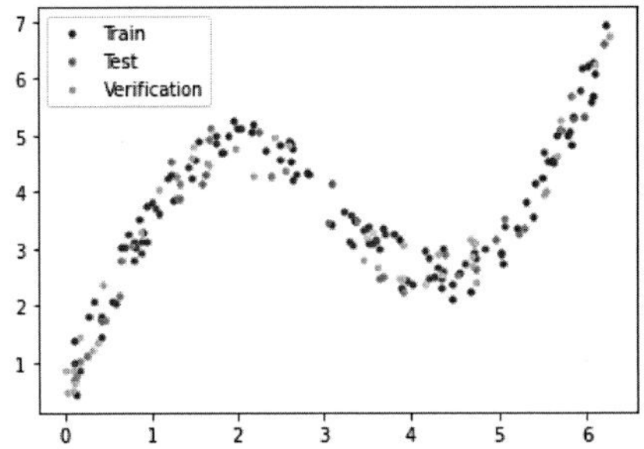


```
(120, 1) (40, 1) (40, 1)
(120, 1) (40, 1) (40, 1)
```

## 5.4.3 회귀 의사결정트리 모델 구축

사이킷런(sklearn) 트리 패키지의 DecisionTreeRegressor를 사용하여 의사결정트리 회귀 모델을 구축한다. 회귀 의사결정트리의 하이퍼 매개변수는 분할 기준 계산식을 제외한 나머지는 DecisionTreeClassifier와 같다.

### 1) 회귀 의사결정트리의 학습

의사결정트리의 하이퍼 매개변수는 별도로 설정하지 않고 기본 값을 사용한다.

```
from sklearn.tree import DecisionTreeRegressor

# 회귀 의사결정 모델 구성
dt_regr = DecisionTreeRegressor(random_state=0)

# 훈련 데이터로 회귀 모델 학습
print(x_train.shape, y_train.shape) # 2D 배열
dt_regr.fit(x_train, y_train)
```

```
(120, 1) (120, 1)
DecisionTreeRegressor(ccp_alpha=0.0, criterion='mse', max_depth=None,
                      max_features=None, max_leaf_nodes=None,
                      min_impurity_decrease=0.0, min_impurity_split=None,
                      min_samples_leaf=1, min_samples_split=2,
                      min_weight_fraction_leaf=0.0, presort='deprecated',
                      random_state=None, splitter='best')
```

하이퍼 매개변수는 다음과 같은 의미를 갖는다.

- criterion='mse': 분할 기준으로 평균제곱오차 사용
- 'mae'(절대평균오차)를 사용하려면 tree.DecisionTreeRegressor(criterion='mae')로 한다.
- max_depth=None : 완벽하게 분할될 때까지 분할함
- max_features=None : 데이터의 모든 특징을 사용
- max_leaf_nodes=None : 제한 없음
- min_samples_leaf=1 : 리프 노드가 되는데 필요한 최소 샘플 데이터 수
- min_samples_split=2 : 노드를 분할하기 위한 최소한의 샘플 데이터 수

## 2) 회귀 모델의 평가

성능평가를 위한 훈련, 검증 및 시험 데이터를 사용하여 평균제곱오차(MSE) 및 결정 계수 ($R^2$)를 계산한다.

$$MSE = \frac{1}{N}\sum_{i=1}^{N}(y_i - y_i^*)^2$$

여기서 $N$은 데이터 수, $y_i$는 실제 값, $y_i^*$는 예측 값

$$R^2 = 1 - \frac{\sum_{i=1}^{N}(y_i - y_i^*)^2}{\sum_{i=1}^{N}(y_i - \overline{y})^2}$$

여기서 $N$은 데이터 수, $y_i$는 실제 값, $y_i^*$는 예측 값, $\overline{y}$는 평균 값

사이킷런 metrics 패키지의 mean_squared_error()와 r2_square()을 사용한다.

```
from sklearn.metrics import mean_squared_error, r2_score

# 훈련 데이터에 대한 추론
y_train_pred = dt_regr.predict(x_train)

# 검증 데이터에 대한 추론
y_validate_pred = dt_regr.predict(x_validate)

# 시험 데이터에 대한 추론
y_test_pred = dt_regr.predict(x_test)

# 평균제곱오차(MSE)
print('MSE: 훈련 %.2f, 검증 %.2f, 시험 %.2f '  % (mean_squared_error(y_train, y_train_pred), mean_squared_error(y_validate, y_validate_pred), mean_squared_error(y_test, y_test_pred)))

#  결정계수(R2)
print('R2 score: 훈련 %.2f, 검증 %.2f, 시험 %.2f ' %(r2_score(y_train, y_train_pred), r2_score(y_validate, y_validate_pred), r2_score(y_test, y_test_pred)))
```

```
MSE: 훈련 0.00, 검증 0.26, 시험 0.18
R2 score: 훈련 1.00, 검증 0.89, 시험 0.91
```

훈련 데이터에 대해서는 MSE 오차가 0.00으로 좋지만 검증 및 시험 데이터에 대한 성능은 좋지 않다. 이는 훈련 데이터에 대해서 과대적합이 발생한 결과이다. 이를 그래프로 그려보면 검증 및 시험 데이터에서 실제 값과 예측 값 사이의 차이가 많음을 볼 수 있다.

```
# 훈련용 데이터를 점으로 표시
plt.figure(1)
plt.plot(x_train, y_train, 'co')
plt.plot(x_train, y_train_pred, 'r.')
plt.title("Training")
```

```
# 검증용 데이터 표시
plt.figure(2)
plt.plot(x_validate, y_validate, 'co')
plt.plot(x_validate, y_validate_pred, 'r.')
plt.title("Validation")

# 시험용 데이터 표시
plt.figure(3)
plt.plot(x_test, y_test, 'co')
plt.plot(x_test, y_test_pred, 'r.')
plt.title("Test")
plt.show()
```

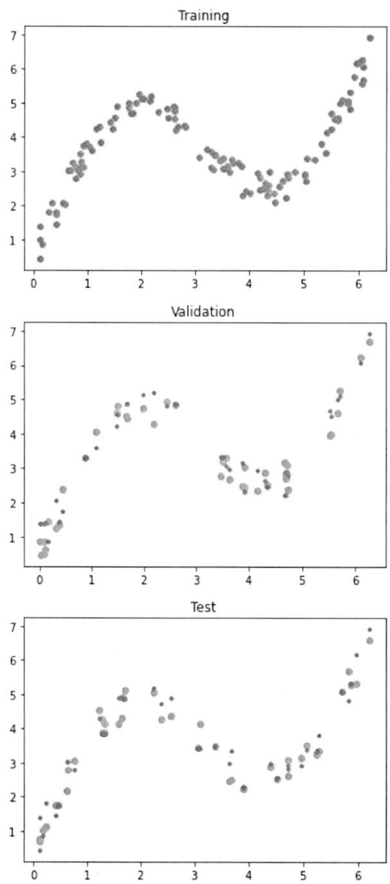

과대적합을 방지하기 위해 하이퍼 매개변수를 다음과 같이 설정하고 학습 및 평가를 다시 실행한다.

```
dt_regr = tree.DecisionTreeRegressor(criterion='mae', max_depth=5,
                                     min_samples_leaf=5, min_samples_split=5)
dt_regr.fit(x_train, y_train)

# 훈련 데이터에 대한 추론
y_train_pred = dt_regr.predict(x_train)
# 검증 데이터에 대한 추론
y_validate_pred = dt_regr.predict(x_validate)
# 시험 데이터에 대한 추론
y_test_pred = dt_regr.predict(x_test)

# 평균제곱오차(MSE)
print('MSE: 훈련 %.2f, 검증 %.2f, 시험 %.2f '  % (mean_squared_error(y_train,
y_train_pred), mean_squared_error(y_validate, y_validate_pred), mean_squared_error(y_test,
y_test_pred)))
#  결정계수(R2)
print('R2 score: 훈련 %.2f, 검증 %.2f, 시험 %.2f ' %(r2_score(y_train, y_train_pred),
r2_score(y_validate, y_validate_pred), r2_score(y_test, y_test_pred)))
```

```
MSE: 훈련 0.07, 검증 0.16, 시험 0.16
R2 score: 훈련 0.95, 검증 0.93, 시험 0.92
```

실전에서 의사결정트리는 주로 분류에 사용되며 회귀에는 거의 사용되지 않는다. 따라서 아두이노를 위한 회귀 의사결정트리의 변환은 다루지 않는다.

# 6 지도학습 : 랜덤 포래스트 (Random Forest) 분류기

## 6.1 앙상블 학습

앙상블(ensemble) 학습은 하나가 아닌 다수의 분류 모델을 사용해서 예측 정확도를 높이기 위한 방법이며 비정형(unstructured) 데이터 보다 정형(structured) 데이터에서 더 뛰어난 성능을 발휘한다. 정형 데이터는 데이터 값의 의미를 파악하기 쉽고, 연산이 가능한 데이터를 말하며, 비정형 데이터는 정해진 규칙이 없어서 값의 의미를 쉽게 파악하기 어렵고 연산이 불가능한 데이터로 텍스트, 음성, 영상 등이 이 범주에 속한다. 앙상블 방법은 집단 모델의 구성원인 개별 모델의 훈련 데이터를 설정하고 개별 모델들의 예측으로부터 집단 모델의 최종 예측을 종합하는 방법이 필요하다. 모델 구성 방법으로 보팅(voting)과 배깅(bagging: bootstrap aggregating)이 있는데, 보팅은 개별 모델이 서로 다른 알고리즘을 사용하고 배깅은 동일한 알고리즘을 사용한다. 배깅을 요약하면 다음과 같다.

① 동일한 알고리즘을 사용하는 다수의 모델(분류기)을 생성한다.

② 개별 모델은 훈련 데이터 세트가 서로 어느 정도 중첩된 데이터 세트를 사용하며, 이를 부트스트래핑(bootstrapping)이라 한다. 예로, 3개의 모델을 사용한다면 〈그림 Ⅱ-23〉과 같이 원래 데이터 세트로부터 서로 중첩된 데이터를 갖는 3개의 데이터 세트를 만들어 훈련 데이터로 사용한다.

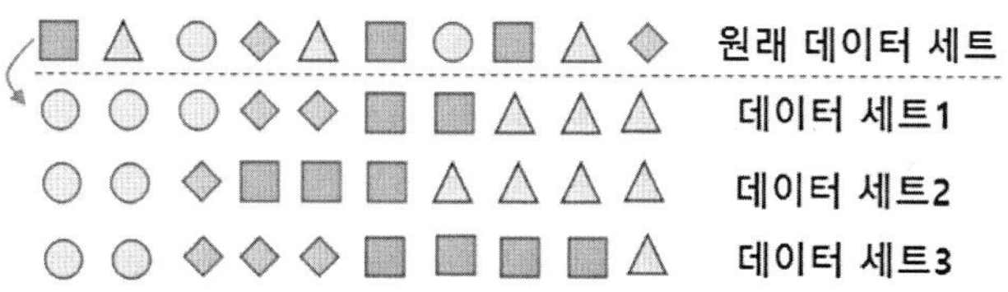


〈그림 Ⅱ-23〉 부트스트래핑

③ 최종 예측은 집단 모델의 예측 결과로부터 다수결로 또는 개별 모델의 클래스 확률의 평균값으로 결정한다.

의사결정트리는 계산의 복잡성 대비 예측 성능이 높고 속성(변수) 단위로 분할하기 때문에 이해를 높일 수 있는 장점이 있어서 지도 분류 학습에서 유용하게 사용되는 방법 중 하나이다. 다만 의사결정트리는 과대적합에 민감하고 비선형 데이터 분류에 적합하지 않다. 의사결정트리의 이런 문제점을 개선하기 위해 앙상블 학습을 적용한 것이 랜덤포레스트이다. 랜덤포레스트는 다수의 의사결정트리로 구성되며, 개별 의사결정트리는 서로 조금 다른 훈련 데이터로 학습된다. 〈그림 Ⅱ-24〉는 3개의 의사결정트리로 구성된 랜덤포레스트이다.

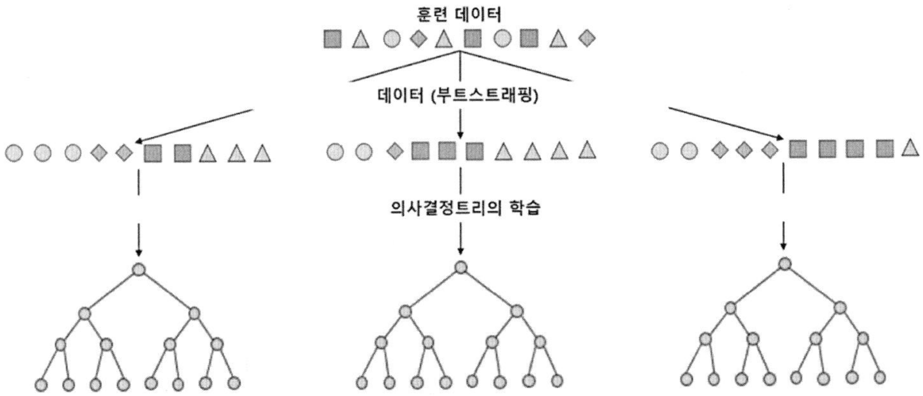


〈그림 Ⅱ-24〉 랜덤포레스트

랜덤포레스트의 매개변수는 의사결정트리의 하이퍼 매개변수에 의사결정트리의 수가 추가된다.

- 의사결정트리의 수(n_estimators): 개별 분류기로 사용될 의사결정트리의 개수로 이 숫자만큼의 일정 부분 중복된 훈련 데이터 세트가 만들어진다.
- 최대 특징(max_features): 의사결정트리의 매개변수와 같지만 의사결정트리에서는 기본 옵션이 None이지만 여기서는 sqrt이다.

랜덤포레스트는 다음과 같은 장점과 단점을 갖는다.

(장점)

– 의사결정트리의 직관적이고 이해하기 쉬운 장점을 그대로 가짐

- 앙상블 알고리즘 중 비교적 빠른 수행 속도를 가짐
- 다양한 분야에서 좋은 성능을 보임

(단점)

- 하이퍼 매개변수 많아 튜닝에 많은 시간이 소요됨

## 6.2 랜덤포레스트 분류기

사이킷런 앙상블 패키지의 RandomForestClassifier를 사용해 랜덤포레스트 분류 모델을 학습하고 이를 평가한다. 완성된 모델을 C 코드로 변환하고 아두이노에서 분류를 위한 추론 코드를 작성한다.

### 6.2.1 데이터 준비

사이킷런의 datasets 패키지에서 제공하는 유방암 데이터를 사용한다. 입력 변수(특징)는 30개, 출력 변수(타겟)는 1개, 타겟 값(클래스)은 2개로 악성(malignant) 또는 양성(benign)을 갖는다.

```
from sklearn.datasets import load_breast_cancer

# 유방암 데이터 세트
cancer = load_breast_cancer()

print(dir(cancer))
```

```
['DESCR', 'data', 'feature_names', 'filename', 'target', 'target_names']
```

```
# 30개의 특징(입력 변수)
print(cancer['feature_names'].shape[0])
print(cancer['feature_names'])
```

```
30
['mean radius' 'mean texture' 'mean perimeter' 'mean area'
 'mean smoothness' 'mean compactness' 'mean concavity'
 'mean concave points' 'mean symmetry' 'mean fractal dimension'
 'radius error' 'texture error' 'perimeter error' 'area error'
 'smoothness error' 'compactness error' 'concavity error'
 'concave points error' 'symmetry error' 'fractal dimension error'
 'worst radius' 'worst texture' 'worst perimeter' 'worst area'
 'worst smoothness' 'worst compactness' 'worst concavity'
 'worst concave points' 'worst symmetry' 'worst fractal dimension']
```

```
# 타겟(출력)의 범주(클래스): 양성, 악성
print(cancer['target_names'].shape[0])
print(cancer['target_names'])
```

```
2
['malignant' 'benign']
```

```
# 입출력 데이터 차원
print(cancer['data'].shape, cancer['target'].shape)
```

```
(569, 30) (569,)
```

## 6.2.2 데이터 분할

준비된 데이터를 훈련(60%), 검증(20%) 및 테스트(20%)용으로 분할한다.

```
import numpy as np
import matplotlib.pyplot as plt

x = cancer['data']
y = cancer['target']
SAMPLES = x.shape[0]

print(x.shape)
# 분할 지점 지정
TRAIN_SPLIT =  int(0.6 * SAMPLES)  # 검증 데이터 시작 위치 지정
TEST_SPLIT = int(0.2 * SAMPLES + TRAIN_SPLIT) # 테스트 데이터 시작 위치 지정

# 두개의 인덱스를 기준으로 데이터를 3개로 분할
x_train, x_validate, x_test = np.split(x, [TRAIN_SPLIT, TEST_SPLIT])
y_train, y_validate, y_test = np.split(y, [TRAIN_SPLIT, TEST_SPLIT])

# 분할된 데이터 크기 출력
print(x_train.shape, x_validate.shape, x_test.shape)
print(y_train.shape, y_validate.shape, y_test.shape)

# 1D -> 2D 배열로 변환
x_train = x_train.reshape(-1,x.shape[1]) # 열 벡터
y_train = y_train.reshape(-1,1)
x_validate = x_validate.reshape(-1,x.shape[1]) # 열 벡터
y_validate = y_validate.reshape(-1,1)
x_test = x_test.reshape(-1,x.shape[1]) # 열 벡터
y_test = y_test.reshape(-1,1)
print(x_train.shape, x_validate.shape, x_test.shape)
print(y_train.shape, y_validate.shape, y_test.shape)
```

```
(569, 30)
(341, 30) (113, 30) (115, 30)
(341,) (113,) (115,)
(341, 30) (113, 30) (115, 30)
(341, 1) (113, 1) (115, 1)
```

## 6.2.3 랜덤포레스트 분류기(RFC) 모델 구축

### 1) RFC 모델의 학습

사이킷런 ensemble 패키지의 RandomForestClassifier를 사용하여 모델을 구축한다. 〈표 Ⅱ-6〉은 사이킷런의 RandomForestClassifier의 하이퍼 매개변수를 요약한 것이다.

```
from sklearn.ensemble import RandomForestClassifier

rfc = RandomForestClassifier( n_estimators=2, criterion='entropy', max_depth=4,
        min_samples_leaf=2, min_samples_split=2, random_state = 0)
rfc.fit(x_train, y_train)
```

```
/usr/local/lib/python3.7/dist-packages/ipykernel_launcher.py:4: DataConversionWarning:
A column-vector y was passed when a 1d array was expected. Please change the
shape of y to (n_samples,), for example using ravel().
  after removing the cwd from sys.path.
RandomForestClassifier(criterion='entropy', max_depth=4, min_samples_leaf=2,
                       n_estimators=2, random_state=0)
```

〈표 Ⅱ-6〉 랜덤포레스트 분류기의 하이퍼 매개변수

| 파라미터 명 | 설명 |
|---|---|
| n_estmators | 의사결정트리의 수를 지정(기본 값은 10) |
| min_samples_split | 노드를 분할하기 위한 최소한의 샘플 데이터 수를 지정. 값이 작을수록 분할 노드 수가 많아져 과대적합 가능성이 증가한다. 기본 값은 2이다. |
| min_samples_leaf | 리프 노드가 되는데 필요한 최소 샘플 데이터 수로 과대적합 제어에 사용. 불균형 데이터의 경우 특정 클래스의 데이터가 극도로 작을 수 있으므로 작은 값으로 설정한다. |
| max_depth | 트리의 최대 깊이를 지정, 기본 값은 None으로 완벽하게 클래스 값이 결정될 때까지 분할하거나 데이터 수가 min_samples_split보다 작아질 때까지 분할한다. 트리의 깊이가 깊어질수록 과대적합 가능성은 커진다. |
| max_leaf_nodes | 리프 노드의 최대 수 |
| max_features | 최적한 분할을 위해 고려할 최대 특징(속성)의 수(기본 값은 'auto')<br>- none : 데이터 세트의 모든 특징을 사용<br>- sqrt 또는 auto : √(전체 특징 수)로 지정<br>- log : log2(전체 특징 수)로 지정 |

## 2) RFC 모델의 평가

RFC 분류기의 성능평가 지표로 Accuracy(정확도), Precision(정밀도)와 Recall(재현율)을 사용하며(3.2.2절 참조) 사이킷런의 metrics 패키지의 confusion_matrix()를 사용해 계산한다.

```
from sklearn.metrics import confusion_matrix

# 훈련 데이터에 대한 추론
y_train_pred = rfc.predict(x_train)

[[TN, FP], [FN, TP]] = confusion_matrix(y_train, y_train_pred)
#TN, FP, FN, TP = confusion_matrix(y_train, y_train_pred).ravel()
print('--------- Train ---------')
print('True Positive(TP)={:3d}, False Positive(FP)={:3d}, True Negative(TN)={:3d},
      False Negative(FN)={:3d} '.format(TP, FP, TN, FN))
accuracy = (TP+TN) / (TP+FP+TN+FN)
precision = TP / (TP+FP)
recall = TP / (TP+FN)
print('Accuracy={:0.3f}, Precision={:0.3f}, Recall={:0.3f}'.format(accuracy, precision, recall))

# 검증 데이터에 대한 추론
y_validate_pred = rfc.predict(x_validate)
TN, FP, FN, TP = confusion_matrix(y_validate, y_validate_pred).ravel()

print('--------- Validate ---------')
print('True Positive(TP)= {:3d}, False Positive(FP)={:3d}, True Negative(TN)={:3d},
      False Negative(FN)={:3d} '.format(TP, FP, TN, FN))
accuracy = (TP+TN) / (TP+FP+TN+FN)
precision = TP / (TP+FP)
recall = TP / (TP+FN)
print('Accuracy={:0.3f}, Precision={:0.3f}, Recall={:0.3f}'.format(accuracy, precision, recall))

# 시험 데이터에 대한 추론
y_test_pred = rfc.predict(x_test)
TN, FP, FN, TP = confusion_matrix(y_test, y_test_pred).ravel()
```

```
print('--------- Test ---------')
print('True Positive(TP)={:3d}, False Positive(FP)={:3d}, True Negative(TN)={:3d},
      False Negative(FN)={:3d} '.format(TP, FP, TN, FN))
accuracy = (TP+TN) / (TP+FP+TN+FN)
precision = TP / (TP+FP)
recall = TP / (TP+FN)
print('Accuracy={:0.3f}, Precision={:0.3f}, Recall={:0.3f}'.format(accuracy, precision,
recall))
```

```
--------- Train ---------
True Positive(TP)=176, False Positive(FP)=2, True Negative(TN)=155, False Negative(FN)=8
Accuracy=0.971, Precision=0.989, Recall=0.957
--------- Validate ---------
True Positive(TP)=76, False Positive(FP)=1, True Negative(TN)= 28, False Negative(FN)=8
Accuracy=0.920, Precision=0.987, Recall=0.905
--------- Test ---------
True Positive(TP)=81, False Positive(FP)=1, True Negative(TN)=25, False Negative(FN)=8
Accuracy=0.922, Precision=0.988, Recall=0.910
```

동일한 하이퍼 매개변수를 사용하였을 때 의사결정트리와 랜덤포레스트 분류기의 성능을 비교한다(〈표 Ⅱ-7〉). 랜덤포레스트 분류기에서 과대적합이 완화되어 시험 데이터에서도 상대적으로 성능이 조금 떨어지지는 것을 볼 수 있다.

〈표 Ⅱ-7〉 의사결정트리와 랜덤포레스트 분류기의 성능 비교

| 분류 모델 | 학습 | 검증 | 시험 |
|---|---|---|---|
| 의사결정트리 | Accuracy=0.994<br>Precision=0.995<br>Recall=0.995 | Accuracy=0.947<br>Precision=0.988<br>Recall=0.940 | Accuracy=0.870<br>Precision=0.974<br>Recall=0.854 |
| 랜덤포레스트 | Accuracy=0.971<br>Precision=0.989<br>Recall=0.957 | Accuracy=0.920<br>Precision=0.987<br>Recall=0.905 | Accuracy=0.922<br>Precision=0.988<br>Recall=0.910 |

## 6.2.4 아두이노용 RFC

### 1) RFC의 변환

#### (1) 아두이노 변수 정의

입력 변수(특징)의 수, 출력(타겟) 변수의 수, 출력(타겟) 클래스(범주) 수를 설정하는 명령문을 RandomForestClassifier.h 헤더 파일에 추가한다. 이를 위해 다음 코드를 실행한다.

```
print("const uint8_t N_FEATURES =", x_train.shape[1],";") # cancer['data'].shape[1]
print("const uint8_t N_OUTPUT =", y_train.shape[1],";")
print("const uint8_t N_CLASS =", cancer['target_names'].shape[0],";")
```

```
const uint8_t N_FEATURES = 30 ;
const uint8_t N_OUTPUT = 1 ;
const uint8_t N_CLASS = 2 ;
```

위의 실행 결과를 복사하여 문자열 변수 code1에 저장한다.

```
code1 ="""
const uint8_t N_FEATURES = 30 ;
const uint8_t N_OUTPUT = 1 ;
const uint8_t N_CLASS = 2 ;
"""
```

```
const uint8_t N_FEATURES = 30 ;
const uint8_t N_OUTPUT = 1 ;
const uint8_t N_CLASS = 2 ;
```

#### (2) 학습된 RFC를 C 코드로 변환

micromlgen 패키지를 설치한다.

```
pip install micromlgen
```

```
Collecting micromlgen
  Downloading micromlgen-1.1.23.tar.gz (11 kB)
  . . .

Installing collected packages: micromlgen
Successfully installed micromlgen-1.1.23
```

micromlgen 패키지에서 port()는 학습된 RFC 모델을 C 코드로 변환하는 함수이다. 이 함수의 반환 값을 출력해서 보면 2개의 트리(n_estimators = 2)가 만들어진 것을 볼 수 있다.

```
from micromlgen import port

print(port(rfc))
```

```
#pragma once
#include <cstdarg>
namespace Eloquent {
    namespace ML {
        namespace Port {
            class RandomForest {
                public:
                    /**
                    * Predict class for features vector
                    */
                    int predict(float *x) {
                        uint8_t votes[2] = { 0 };
                        // tree #1
                        if (x[6] <= 0.07214000076055527) {

                        . . .

                        return classIdx;
                    }

                protected:
                };
            }
        }
    }
```

print(port()) 실행 후 출력되는 코드에서 int predict(float *x){ } 코드를 복사하여 문자열 변수 code2에 저장한다.

```
code2 = “”“
int predict(float *x) {
    uint8_t votes[2] = { 0 };
    // tree #1
    if (x[6] <= 0.07214000076055527) {
        if (x[26] <= 0.1928500011563301) {
            if (x[0] <= 14.980000019073486) {
                if (x[17] <= 0.014175000134855509) {
                    votes[1] += 1;
                }
                else {
                    votes[1] += 1;
                }
            }
            else {
                votes[1] += 1;
            }
        }
        else {
            if (x[29] <= 0.08092499896883965) {
                if (x[23] <= 743.3500061035156) {
                    votes[1] += 1;
                }
                else {
                    votes[0] += 1;
                }
            }
            else {
                if (x[16] <= 0.020545000210404396) {
                    votes[1] += 1;
                }
                else {
                    votes[1] += 1;
                }
```

```
            }
        }
    }
    else {
        if (x[2] <= 99.88999938964844) {
            if (x[27] <= 0.1423499956727028) {
                if (x[21] <= 28.604999542236328) {
                    votes[1] += 1;
                }
                else {
                    votes[0] += 1;
                }
            }
            else {
                if (x[1] <= 16.21999979019165) {
                    votes[1] += 1;
                }
                else {
                    votes[0] += 1;
                }
            }
        }
        else {
            votes[0] += 1;
        }
    }

    // tree #2
    if (x[22] <= 106.04999923706055) {
        if (x[12] <= 3.4375) {
            if (x[20] <= 15.03499984741211) {
                votes[1] += 1;
            }
            else {
                if (x[8] <= 0.20154999941587448) {
                    votes[1] += 1;
                }
```

```
                else {
                    votes[0] += 1;
                }
            }
        }
        else {
            if (x[5] <= 0.06257499940693378) {
                votes[0] += 1;
            }
            else {
                if (x[25] <= 0.2622000053524971) {
                    votes[1] += 1;
                }
                else {
                    votes[0] += 1;
                }
            }
        }
    }
    else {
        if (x[27] <= 0.14305000007152557) {
            if (x[22] <= 120.35000228881836) {
                if (x[24] <= 0.12974999845027924) {
                    votes[1] += 1;
                }
                else {
                    votes[0] += 1;
                }
            }
            else {
                votes[0] += 1;
            }
        }
        else {
            votes[0] += 1;
        }
    }
```

```
    // return argmax of votes
    uint8_t classIdx = 0;
    float maxVotes = votes[0];

    for (uint8_t i = 1; i < 2; i++) {
        if (votes[i] > maxVotes) {
            classIdx = i;
            maxVotes = votes[i];
        }
    }
    return classIdx;
}
"""
```

다음 코드를 실행하여 헤더 파일을 생성한다. 코랩에서 아래와 같이 생성된 파일을 볼 수 있다.

```
with open("RandomForestClassifier.h", "w+") as fp:
  fp.write(code1)
  fp.write(code2)
```

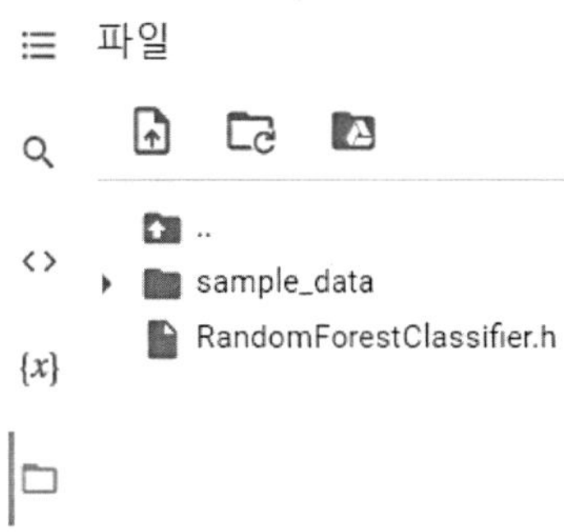


완성된 헤더 파일은 〈그림 Ⅱ-25〉와 같다.

```
const uint8_t N_FEATURES = 30 ;
const uint8_t N_OUTPUT = 1 ;
const uint8_t N_CLASS = 2 ;

int predict(float *x) {
   uint8_t votes[2] = { 0 };
   // tree #1
   if (x[6] <= 0.07214000076055527) {
      if (x[26] <= 0.1928500011563301) {
         if (x[0] <= 14.980000019073486) {
            if (x[17] <= 0.014175000134855509) {
               votes[1] += 1;
            }
            else {
               votes[1] += 1;
            }
         }
         else {
            votes[1] += 1;
         }
      }
      else {
         if (x[29] <= 0.08092499896883965) {
            if (x[23] <= 743.3500061035156) {
               votes[1] += 1;
            }
            else {
               votes[0] += 1;
            }
         }
         else {
            if (x[16] <= 0.020545000210404396)
{
               votes[1] += 1;
            }
            else {
               votes[1] += 1;
            }
         }
      }
   }
   else {
      if (x[2] <= 99.88999938964844) {
         if (x[27] <= 0.1423499956727028) {
            if (x[21] <= 28.604999542236328) {
               votes[1] += 1;
            }
            else {
               votes[0] += 1;
            }
         }
         else {
            if (x[1] <= 16.21999979019165) {
               votes[1] += 1;
            }
            else {
               votes[0] += 1;
            }
         }
      }
      else {
         votes[0] += 1;
      }
   }
   // tree #2
   if (x[22] <= 106.04999923706055) {
      if (x[12] <= 3.4375) {
         if (x[20] <= 15.03499984741211) {
            votes[1] += 1;
         }
         else {
            if (x[8] <= 0.20154999941587448) {
               votes[1] += 1;
            }
            else {
               votes[0] += 1;
            }
         }
      }
      else {
         if (x[5] <= 0.06257499940693378) {
            votes[0] += 1;
         }
         else {
            if (x[25] <= 0.2622000053524971) {
               votes[1] += 1;
            }
            else {
               votes[0] += 1;
            }
         }
      }
   }
   else {
      if (x[27] <= 0.14305000007152557) {
         if (x[22] <= 120.35000228881836) {
            if (x[24] <= 0.12974999845027924) {
               votes[1] += 1;
            }
            else {
               votes[0] += 1;
            }
         }
         else {
            votes[0] += 1;
         }
      }
      else {
         votes[0] += 1;
      }
   }

   // return argmax of votes
   uint8_t classIdx = 0;
   float maxVotes = votes[0];

   for (uint8_t i = 1; i < 2; i++) {
      if (votes[i] > maxVotes) {
         classIdx = i;
         maxVotes = votes[i];
      }
   }
   return classIdx;
}
```

〈그림 Ⅱ-25〉 헤더 파일 RandomForestClassifier.h

## 2) 아누이노에서 RFC의 추론

헤더 파일과 입력 변수의 선언을 포함하고 RFC의 추론을 위한 아두이노 스케치를 〈그림 Ⅱ-26〉과 같이 작성한다. 추론 결과(0 또는 1)에 따른 LED 점등을 표시한다.

RandomForestClassifier § RandomForestClassifier.h

```
#include "RandomForestClassifier.h"

void setup() {
   Serial.begin(9600);
   pinMode(13, OUTPUT);
}

void loop() {
  float input[N_FEATURES] =
    {1.981e+01, 2.215e+01, 1.300e+02, 1.260e+03, 9.831e-02, 1.027e-01, 1.479e-01,
     9.498e-02, 1.582e-01, 5.395e-02, 7.582e-01, 1.017e+00, 5.865e+00, 1.124e+02,
     6.494e-03, 1.893e-02, 3.391e-02, 1.521e-02, 1.356e-02, 1.997e-03, 2.732e+01,
     3.088e+01, 1.868e+02, 2.398e+03, 1.512e-01, 3.150e-01, 5.372e-01, 2.388e-01,
     2.768e-01, 7.615e-02};  // 타겟 0

  // 추론
  int inference = predict(input);

  Serial.println(inference);
  // 추론 결과에 따른 LED 점등
  if(inference == 0){
    digitalWrite(13, LOW); // 소등
  }
  else{
    digitalWrite(13, HIGH); // 점등
  }
  delay(100);
}
```

〈그림 Ⅱ-26〉 RFC 추론 아두이노 스케치

# [연습] 아이리스 꽃

## 1) 데이터 준비

사이킷런의 데이터 세트 중 붓꽃(iris) 데이터 사용한다. 이 데이터는 꽃잎 각 부분의 너비와 길이 등을 측정한 데이터로 150개의 레코드로 구성되어 있다. 총 6개의 필드 중 caseno는 단지 순서를 표시하므로 분석에서 제외되며 2 번째부터 5 번째의 4개의 필드는 입력변수로 사용되고, 맨 아래의 Species 속성이 출력(종속) 변수로 사용된다.

- 입력변수: sepal length(꽃받침 길이), sepal width(꽃받침 너비), petal lenght(꽃잎 길이), petal width(꽃잎 너비)
- 출력 변수: species(종)는 3 가지 클래스(범주)를 가지며 그 값으로 setosa, versicolor, virginica 중 하나를 가진다.

```
import numpy as np
from sklearn.datasets import load_iris
import matplotlib.pyplot as plt

dataset = load_iris()
dir(dataset)
```

```
['DESCR', 'data', 'feature_names', 'filename', 'target', 'target_names']
```

```
dataset.data.shape # 150개의 데이터(하나의 데이터는 4개 속성을 가짐)
```

```
(150, 4)
```

```
dataset.feature_names   # 4개의 특징: 독립(입력) 변수
```

```
['sepal length (cm)',
 'sepal width (cm)',
 'petal length (cm)',
 'petal width (cm)']
```

```
dataset.target_names # 타겟(출력) 클래스
```

```
array(['setosa', 'versicolor', 'virginica'], dtype='<U10')
```

```
dataset.target.shape # 타겟(출력) 데이터
```

```
(150,)
```

```
SAMPLES = dataset.data.shape[0]
print("SAMPLES", SAMPLES)
x = dataset.data
y = dataset.target

print("min:", x.min(axis=0)) # axis = 0 수직(행) 방향, axis = 1 수평(열) 방향
print("max:", x.max(axis=0))
```

```
SAMPLES 150
min: [4.3 2.  1.  0.1]
max: [7.9 4.4 6.9 2.5]
```

```
n_inp = dataset.data.shape[1]

new_dataset = np.zeros((SAMPLES, n_inp+1)) # 열: 4개 입력, 1개 출력
for i in range(SAMPLES):
  new_dataset[i][:n_inp] = dataset.data[i][:]
  new_dataset[i][n_inp] = dataset.target[i]

print(new_dataset.min(axis=0))
print(new_dataset.max(axis=0))

print(new_dataset)
```

```
[4.3 2.  1.  0.1 0. ]
[7.9 4.4 6.9 2.5 2. ]
[[5.1 3.5 1.4 0.2 0. ]
 [4.9 3.  1.4 0.2 0. ]
 [4.7 3.2 1.3 0.2 0. ]
  . . .
```

현재 데이터의 출력 값이 50 개 단위의 순서로 0, 1, 2 값을 가진다. 훈련, 검증 및 시험 데이터에 출력 값이 골고루 분포되도록 np.random.shuffle()을 사용해 데이터 순서를 임의로 변경한 후 np.hsplit()을 사용해 데이터를 열 단위로 분할한다.

```
np.random.shuffle(new_dataset)
print(new_dataset.shape)

# 수평(열) 방향 분리 0 ~ n_inp-1 열과 n_inp ~ 끝까지의 열로 분리
x, y = np.hsplit(new_dataset, [n_inp])
print(x.shape)
print(y.shape)
print(x.min(axis=0))
print(x.max(axis=0))
print(y[0:5])
```

```
(150, 5)
(150, 4)
(150, 1)
[4.3 2.  1.  0.1]
[7.9 4.4 6.9 2.5]
[[0.]
 [1.]
 [2.]
 [2.]
 [0.]]
```

데이터를 훈련(60%), 검증(20%), 시험(20%)용으로 분할한다.

```
# 분할 지점 지정
SAMPLES = x.shape[0]
print(SAMPLES)

TRAIN_SPLIT =  int(0.6 * SAMPLES)  # 검증 데이터 시작 위치 지정
TEST_SPLIT = int(0.2 * SAMPLES + TRAIN_SPLIT) # 테스트 데이터 시작 위치 지정

# 데이터 분할 np.split(x, [i,j]): x를 0~i-1, i~j-1, j~끝으로 분할
x_train, x_validate, x_test = np.split(x, [TRAIN_SPLIT, TEST_SPLIT]) # 원래 데이터
y_train, y_validate, y_test = np.split(y, [TRAIN_SPLIT, TEST_SPLIT])

# 분할된 데이터 크기 출력
print(x_train.shape, x_validate.shape, x_test.shape)
print(y_train.shape, y_validate.shape, y_test.shape)
```

```
150
(90, 4) (30, 4) (30, 4)
(90, 1) (30, 1) (30, 1)
```

## 2) RFC의 학습

다음과 같은 매개변수 값으로 RFC를 학습한다.

```
from sklearn.ensemble import RandomForestClassifier
rfc = RandomForestClassifier(n_estimators = 10, criterion='entropy', max_depth = 8,
        min_samples_leaf = 2, min_samples_split = 2, random_state = 0, n_jobs = -1)
rfc.fit(x_train, y_train)
```

```
RandomForestClassifier(bootstrap=True, ccp_alpha=0.0, class_weight=None,
                       criterion='entropy', max_depth=8, max_features='auto',
                       max_leaf_nodes=None, max_samples=None,
                       min_impurity_decrease=0.0, min_impurity_split=None,
                       min_samples_leaf=2, min_samples_split=2,
                       min_weight_fraction_leaf=0.0, n_estimators=10, n_jobs=-1,
                       oob_score=False, random_state=0, verbose=0,
                       warm_start=False)
```

### 3) RFC의 매개변수 탐색

훈련 데이터에 대해 최적한 하이퍼 매개변수를 탐색할 수 있다. 이를 위해 사이킷런 model_selection 패키지의 GridSearchCV를 사용한다

```
from sklearn.model_selection import GridSearchCV
// 탐색할 매개변수
params = { 'n_estimators' : [10],
           'max_depth' : [2, 3, 4, 5, 6],
           'min_samples_leaf' : [2, 4, 6, 8],
           'min_samples_split' : [2, 4, 6, 8] }

rfc = RandomForestClassifier(random_state = 0, n_jobs = -1)

// n_jobs 은 병렬처리 프로세서의 수로 -1은 모든 프로세서 사용
// cv: cross-validation 생성기, 기본 값은 5
grid_cv = GridSearchCV(rfc, param_grid = params, cv = 3, n_jobs = -1)
grid_cv.fit(x_train, y_train.ravel())

print('최적 하이퍼 파라미터: ', grid_cv.best_params_)
print('최고 예측 정확도: {:.4f}'.format(grid_cv.best_score_))
```

```
최적 하이퍼 파라미터: {'max_depth': 3, 'min_samples_leaf': 8, 'min_samples_split':
2, 'n_estimators': 10}
최고 예측 정확도: 0.9778
```

최적화된 하이퍼 매개변수를 사용해서 다시 학습한다. 최종 모델에서 특징(입력 변수)의 중요도를 볼 수 있다. 학습모델.feature_importances_는 특징별 중요도 값을 가진다.

```
from sklearn.ensemble import RandomForestClassifier
rfc = RandomForestClassifier(n_estimators = 10, max_depth = 3, min_samples_leaf = 8,
                             min_samples_split = 2, random_state = 0, n_jobs = -1)
rfc.fit(x_train, y_train)

import matplotlib.pyplot as plt
```

```
plt.bar(list(range(len(rfc.feature_importances_))),
        rfc.feature_importances_,orientation = 'vertical')
plt.title("Feature importance")
```

```
Text(0.5, 1.0, 'Feature importance')
```

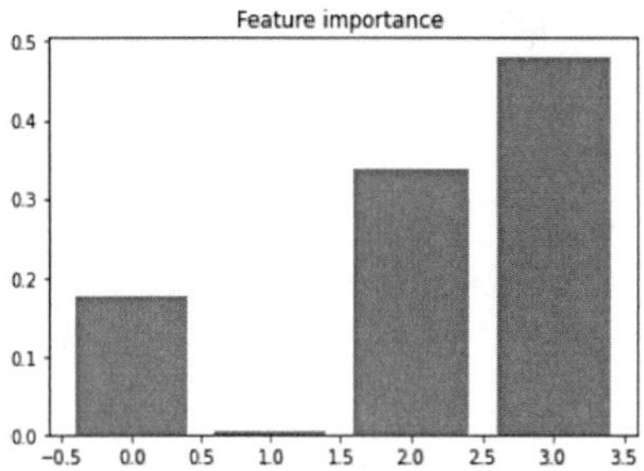


다항 분류이므로 성능평가 지표로 다음 중 하나를 사용한다.

- Micro F1: 개별 클래스의 TP, FP, FN을 합해서 F1-score를 계산
- Macro F1: 개별 클래스의 F1-score를 계산하고 이를 평균
- 가중 평균 F1: 개별 클래스의 F1-score에 개별 클래스의 샘플 비율을 가중치로 곱함

```
from sklearn.metrics import classification_report

# 훈련 데이터에 대한 추론
y_train_pred = rfc.predict(x_train)

print('--------- 훈련 ---------')
print(classification_report(y_train, y_train_pred,
                target_names=['setosa', 'versicolor', 'virginica']))

# 검증 데이터에 대한 추론
y_validate_pred = rfc.predict(x_validate)
print('--------- 검증 ---------')
print(classification_report(y_validate, y_validate_pred,
                target_names=['setosa', 'versicolor', 'virginica']))
```

```
# 시험 데이터에 대한 추론
y_test_pred = rfc.predict(x_test)
print('--------- 시험 ---------')
print(classification_report(y_test, y_test_pred,
              target_names=['setosa', 'versicolor', 'virginica']))
```

```
--------- 훈련 ---------
              precision    recall  f1-score   support
      setosa       1.00      1.00      1.00        27
  versicolor       0.94      1.00      0.97        33
   virginica       1.00      0.93      0.97        30

    accuracy                           0.98        90
   macro avg       0.98      0.98      0.98        90
weighted avg       0.98      0.98      0.98        90

--------- 검증 ---------
              precision    recall  f1-score   support
      setosa       1.00      1.00      1.00        11
  versicolor       0.80      1.00      0.89         8
   virginica       1.00      0.82      0.90        11

    accuracy                           0.93        30
   macro avg       0.93      0.94      0.93        30
weighted avg       0.95      0.93      0.93        30

--------- 시험 ---------
              precision    recall  f1-score   support
      setosa       1.00      1.00      1.00        12
  versicolor       1.00      0.89      0.94         9
   virginica       0.90      1.00      0.95         9

    accuracy                           0.97        30
   macro avg       0.97      0.96      0.96        30
weighted avg       0.97      0.97      0.97        30
```

## 4) 아두이노용 RFC의 변환

### (1) 아두이노 변수 정의

입력 변수(특징)의 수, 출력(타겟) 변수의 수, 출력(타겟) 변수의 클래스(범주) 수를 정의하기 위해 다음 코드를 실행한다.

```
print("const uint8_t N_FEATURES =", x_train.shape[1],";")
print("const uint8_t N_OUTPUT =", y_train.shape[1],";")
print("const uint8_t N_CLASS =", dataset['target_names'].shape[0],";")
```

```
const uint8_t N_FEATURES = 4 ;
const uint8_t N_OUTPUT = 1 ;
const uint8_t N_CLASS = 3 ;
```

실행 결과를 복사하여 문자열 변수 code1에 저장한다.

```
code1 ="""
const uint8_t N_FEATURES = 4 ;
const uint8_t N_OUTPUT = 1 ;
const uint8_t N_CLASS = 3 ;
"""
```

### (2) 학습된 분류 랜덤포레스트를 C 코드로 변환

micromlgen 패키지를 설치한다.

```
pip install micromlgen
```

```
Collecting micromlgen
  Downloading micromlgen-1.1.23.tar.gz (11 kB)
  . . .

Installing collected packages: micromlgen
Successfully installed micromlgen-1.1.23
```

micromlgen 패키지에서 port()는 학습된 RFC 모델을 C 코드로 변환하는 함수이다. 이 함수의 반환 값을 출력하면 변환된 코드를 아래와 같이 볼 수 있다.

```
from micromlgen import port

print(port(rfc))
```

```
#pragma once
#include <cstdarg>
namespace Eloquent {
    namespace ML {
        namespace Port {
            class RandomForest {
                public:
                    /**
                    * Predict class for features vector
                    */
                    int predict(float *x) {
                        uint8_t votes[3] = { 0 };
                        // tree #1
                        if (x[3] <= 0.7000000029802322) {

                        . . .
                        return classIdx;
                    }

                protected:
                };
            }
        }
    }
```

print(port()) 실행 후 출력되는 코드에서 int predict(float *x){ } 코드를 복사하여 문자열 변수 code2에 저장한다. 10개의 트리(n_estimators = 10)가 만들어진 것을 볼 수 있다.

```
code2 = “”“
int predict(float *x) {
    uint8_t votes[3] = { 0 };

    // tree #1
    if (x[0] <= 5.5) {
        votes[0] += 1;
    }
```

```
else {
    if (x[2] <= 4.75) {
        votes[1] += 1;
    }
    else {
        if (x[3] <= 1.8499999642372131) {
            votes[2] += 1;
        }
        else {
            votes[2] += 1;
        }
    }
}

... ...

// tree #10
if (x[2] <= 4.8500001430511475) {
    if (x[2] <= 2.5) {
        votes[0] += 1;
    }
    else {
        votes[1] += 1;
    }
}
else {
    if (x[0] <= 6.75) {
        votes[2] += 1;
    }
    else {
        votes[2] += 1;
    }
}

// return argmax of votes
uint8_t classIdx = 0;
```

```
    float maxVotes = votes[0];

    for (uint8_t i = 1; i < 3; i++) {
        if (votes[i] > maxVotes) {
            classIdx = i;
            maxVotes = votes[i];
        }
    }
    return classIdx;
}
"""
```

다음 코드를 실행하여 헤더 파일을 생성한다. 코랩에서 아래와 같이 생성된 파일을 볼 수 있다.

```
with open("RandomForestClassifier.h", "w+") as fp:
  fp.write(code1)
  fp.write(code2)
```

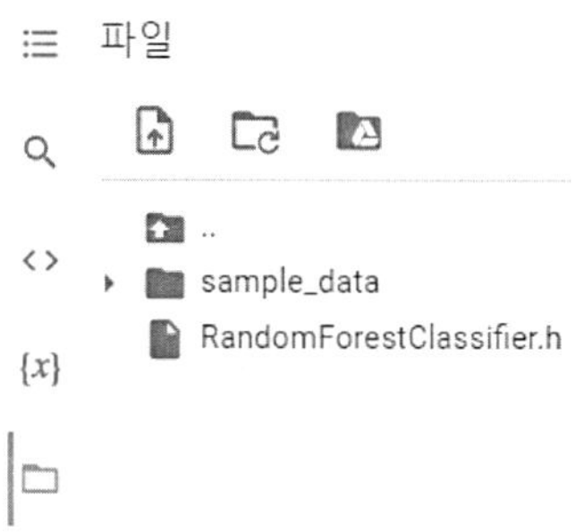

## 5) 아두이노에서 RFC의 추론

헤더 파일과 입력 변수의 선언을 포함하고 RFC의 추론을 위한 아두이노 스케치는 다음과 같다. 추론 결과(0 또는 1)에 따른 LED 점등을 표시한다.

RandomForestClassifier | RandomForestClassifier.h

```
#include "RandomForestClassifier.h"

void setup() {
   Serial.begin(9600);
   pinMode(13, OUTPUT);
}

void loop() {
  /* 입력 {5.2, 2.7, 3.9, 1.4}; -> 타겟 1
     입력 {5.1, 3.8, 1.9, 0.4}; -> 타겟 0
     입력 {7.2, 3.,  5.8, 1.6}; -> 타겟 2
  */
  float input[N_FEATURES] = {7.2, 3.,  5.8, 1.6};

  // 추론
  int inference = predict(input);

  // 추론 결과에 따른 LED 점등
  if(inference == 0){
    digitalWrite(13, LOW); // 소등
  }
  else if(inference == 1){
    digitalWrite(13, HIGH); // 점등
  }
  else{
    digitalWrite(13, HIGH); // 점멸
    delay(100);
    digitalWrite(13, LOW);
  }
  delay(100);
```